Salzteig

Unsere schönsten Modelle

Ein Gemeinschaftswerk
von
Iris Buresch
Margret Glende
Gudrun Hettinger
Heide Psotka

Frech-Verlag Stuttgart

Für eine gewerbliche Nutzung
der gezeigten Modelle
ist die Genehmigung
der Verfasserinnen erforderlich.

Fotos:
Grauel + Uphoff, Hannover
Frech-Verlag, Stuttgart

Auflage: 5. 4. 3. 2. | Letzte Zahlen
Jahr: 1991 90 89 88 | maßgebend

ISBN 3-7724-1133-9 · Best.-Nr. 1133

frech-verlag
GmbH + Co. Druck KG Stuttgart
Druck: Frech, Stuttgart 31

Ein Wort vorweg

Der Frech-Verlag und seine Autorinnen haben großen Anteil daran, daß das Salzteigmodellieren zu einer so gewaltigen Hobby-Bewegung wurde.

Mit diesem Buch erfüllt der Verlag den vielfach an ihn herangetragenen Wunsch, ein umfassendes Werk über das Modellieren mit Salzteig vorzulegen.
Der Verlag bedankt sich bei den Autorinnen, daß sie es ermöglicht haben, aus ihren acht so erfolgreichen Büchern eine Zusammenfassung vorzulegen, die ihresgleichen sucht.

In diesem Buch wird alles vorgestellt, was mit diesem Werkstoff möglich ist. Für den Leser bringt die Vielseitigkeit einen wichtigen Vorteil: Selbstverständlich hat jede Autorin ihre höchstpersönliche Einstellung zum Material und ihren eigenen Raum der Kreativität. Es ist gut, den Leser selbst entscheiden zu lassen, mit welcher Art des Modellierens und mit welchen Arbeiten er ins Salzteigmodellieren einsteigen will. Und am Ende ist es leichter, eigene Ideen zu finden und zu verwirklichen, wenn man verschiedene Wege kennengelernt und beschritten hat.

Freude an diesem Buch und Spaß mit dem Salzteig wünscht Ihnen

Der Verlag

Eine alte Volkskunst – heute ein Hobby

Beinahe jede Kunstgattung hat ihren Ursprung oder Höhepunkt im religiösen Bereich. Das zeigt sich gerade dann, wenn die Anfänge in mehreren Kulturen nachweisbar sind.
Das tägliche Brot – im Sinne des Wortes – wurde zu allen Zeiten in hohen Ehren gehalten. Von alten Völkern sind Berichte überliefert, die das Brotbacken in die Nähe heiliger Handlungen rücken.
Schon früh hatte sich in verschiedenen Kulturen diese Volkskunst entwickelt. So wurden in Mexiko Teigfiguren für die Toten als Grabbeigaben gebacken. Dort entstanden aus Teig auch die farbenprächtig bemalten Lebensbäume. Die Indios modellierten damit geschickt Fruchtbarkeitssymbole, die als Glücksbringer verschenkt wurden. Auf Kreta werden noch heute große Hochzeitskränze gebacken, die man mit vielen Blümchen und Blättern verziert.
Im alten Griechenland war Brot heilig, und zur Verehrung der Göttin Demeter wurden Brotfiguren gebacken. Nachdem die Römer von den Griechen diese Brotteigkunst übernommen hatten, verehrten sie mit solchen Figuren die Göttin Ceres.
In Llanes (Nordspanien) opfert man bei religiösen Festen auch heute noch der Mutter Gottes Kränze aus Brotteig, die auf einer Pyramide befestigt in einer feierlichen Prozession durch die Stadt zur Kirche getragen werden.
In Osteuropa, vor allem in der Tschechoslowakei und in Polen, kennt man noch heute derartige Salzteigbilder.
Die Sitte, zu bestimmten Anlässen besonders geformtes Backwerk zu erstellen, ist auch bei uns bis heute erhalten geblieben. Formen und symbolische Bedeutung dieser Gebildbrote lassen sich über viele Generationen zurückverfolgen.

Jetzt haben Bastler und Hobbykünstler den Salzteig für sich entdeckt. Für sie ist Salzteig ein ideales Modelliermaterial, weil es leicht zu bearbeiten ist und fast nichts kostet. So kann es nicht verwundern, daß inzwischen Millionen mit Salzteig gestalten, die sich an andere Modelliermassen nie herantrauten.

Natürlich ist es faszinierend und beglückend, das Werkstück in allen Phasen selbst im Griff zu haben, denn „gebrannt“ wird im eigenen Herd!
Es kommt überhaupt nicht darauf an, perfekte Stücke zu modellieren. Beginnen Sie mit einfachen Formen. Dann werden sich Erfolg und Freude einstellen.

So weit, wie der Bogen bei diesen Beispielen gespannt ist, so sehr liegen die gestalterischen Möglichkeiten beim Salzteighobby auseinander. Es ist Auffassungssache, ob man das Backwerk in seiner Natürlichkeit wirken lassen möchte oder ob man durch Bemalung und mehrfaches Lackieren das Material neutralisiert.

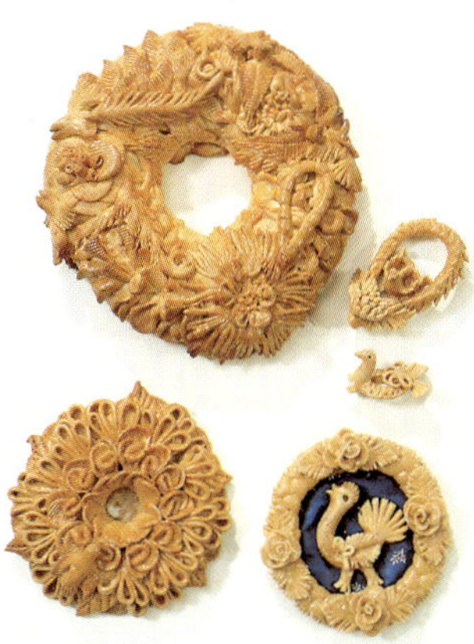

Teigfiguren aus der Tschechoslowakei und Hochzeitskränze aus Kreta.

Fruchtbarkeitssymbole und Grabbeigaben aus Ecuador. Diese Figuren werden heute als Touristenattraktion in allen Folkloreläden des Landes angeboten.

Das Salzteig-Rezept

Zutaten:
2 Tassen Salz
(einfaches feines Kochsalz)
2 Tassen Mehl
(billiges Mehl, Type 405)
1 Tasse Wasser
½ - 1 Eßlöffel Metylan-Tapetenkleister
(je nach Größe der Tasse)

Am besten mißt man die Zutaten mit Tassen ab. Genaues Abwiegen ist nicht erforderlich, da nachher sowieso je nach Festigkeit des Teigs mit Mehl oder Wasser ausgeglichen werden muß. Die Größe der Tasse spielt keine Rolle, da das Verhältnis beim Gebrauch derselben Tasse ja immer stimmt. Der hohe Salzanteil macht die Bilder hart, vergleichbar mit Arbeiten aus Keramik. Außerdem ist bei den fertigen Bildern der leichte Kristalleffekt sehr reizvoll.

Die Verarbeitung
Mischen Sie in einer Schüssel zuerst die trockenen Materialien, also Salz, Mehl und Tapetenkleister in Pulverform. Erst dann kommt Wasser hinzu (sonst würde der Tapetenkleister klumpen!). Danach wird der Teig auf dem Tisch gut durchgeknetet. Bleibt er an den Händen kleben, wird etwas Mehl hinzugefügt. Fühlt er sich dagegen trocken an oder bröckelt gar, wird mit Wasser ergänzt. Vorsichtig – lieber öfters kleine Mengen zugeben! Ein Durchkneten mit feuchten Händen genügt oftmals auch.
Der Teig soll griffig und geschmeidig sein wie Mürbeteig. Wichtig ist, daß keine Mehlklumpen darin sind. Für Figuren und Kränze läßt sich der Teig besser verarbeiten, wenn er trockener ist.
Die Verarbeitung mit elektrischen Haushaltsmaschinen (Knethaken) geht wesentlich schneller und gründlicher als mit den Händen. Ein kurzes abschließendes manuelles Durchkneten ist jedoch trotzdem erforderlich. Die fertige Teigmischung sollte vor der Verarbeitung mindestens ½ Stunde bei Zimmertemperatur in einem geschlossenen Gefäß ruhen. Dann hat sie ihre richtige Konsistenz.

Feiner Salzteig
Einen verfeinerten Salzteig erzielt man, wenn zuerst das Salz im Wasser aufgelöst wird. Dabei wird die Lösung ca. 5 Minuten mit einer elektrischen Küchenmaschine gerührt. Erst dann gibt man das mit Tapetenkleister vermischte Mehl zu.

Variante
Das Autorenteam Iris Buresch und Heide Psotka fügt dem üblichen Salzteig noch zwei Eßlöffel Speiseöl hinzu, und zwar gibt man das Öl in den Meßbecher, den man mit Wasser auffüllt.

Gefärbter Teig

Sehr schöne Effekte lassen sich mit vorher eingefärbtem Teig erzielen. Man erspart sich das zeitaufwendige Anmalen. Die Farben wirken dezenter und lassen den Werkstoff besser zur Geltung kommen. Am besten ist es, neben den Naturtönen ausschließlich Abstufungen in Braun zu verwenden. Ein heller Untergrund unterstützt die Wirkung.

Salzteig mit Roggenmehl tönen
Nimmt man anstelle von Weizenmehl Roggenmehl, so erreicht man eine Bräunung wie bei gebackenem Brot. Dies ist z.B. bei Getreidekränzchen, die nicht bei so hoher Temperatur gebacken werden dürfen (Getreide verbrennt sonst), vorteilhaft. Beachten Sie, daß die Backzeit um mehr als die Hälfte der sonst angegebenen Zeit verlängert wird.
Selbstverständlich sind Zwischentöne dadurch zu erzielen, daß Roggen- und Weizenmehl mit unterschiedlichen Anteilen gemischt werden.

Einfärben mit Kaffee
Anstelle von Wasser wird eine Tasse aufgelöster Pulverkaffee beigegeben. Man erhält eine dunklere Farbtönung, wenn man mehr Kaffeepulver beimengt. Den Kaffee erkalten lassen, bevor die Lösung dem Teig beigegeben wird.

Salzteig – schokoladenbraun
Da viele Freunde des Salzteigs gern in natürlichen Farben bleiben und so nahe wie möglich den häuslichen Teig nachahmen, kommt entölter Kakao sehr oft zum Einsatz.

Einfärben mit Lebensmittelfarben, Zimt u.ä.
Grundsätzlich die Zutaten immer in Wasser auflösen bzw. anrühren und erkaltet dem Teig zugeben.
Eingefärbter Teig benötigt etwa das Anderthalbfache der angegebenen Backzeit.

Achten Sie bei Verarbeitung von verschiedenfarbigem Teig darauf, daß Arbeitsplatte, Hände und Werkzeuge immer wieder gründlich gereinigt werden, damit die Reinheit der Farben erhalten bleibt.

Aufbewahren von Teig

Wurden größere Mengen Teig hergestellt oder möchte man Salzteig immer verfügbar haben, so kann der Teig bis zu einer Woche in einer Gefrierdose aufbewahrt werden. Auch Plastiktüten und Gefrierbeutel sind geeignet. Der Teig zieht beim Aufbewahren etwas Feuchtigkeit an, deshalb vor dem Verarbeiten je nach Bedarf nochmals mit Mehl durchkneten.
Beim Aufbewahren im Kühlschrank muß er vor der Verarbeitung mindestens zwei Stunden bei Zimmertemperatur liegen bleiben, da er sonst nicht geschmeidig genug ist.
Während des Verarbeitens schützt man den Teig vor schnellem Austrocknen, indem man nur die gerade benötigte Menge auf die Arbeitsplatte legt. Der restliche Teig kommt unter eine umgestülpte Schüssel oder unter eine Käseglocke.

Warum Tapetenkleister?

Tapetenkleister gibt dem Teig mehr Geschmeidigkeit. Er kann besser „gestellt" werden, ohne daß er bricht oder wieder zusammenfällt (Röckchen, Hüte, Blätter). Er läßt sich so auch etwas „ziehen".
Tapetenkleister verbindet beim Bakken die angesetzten Motive. Es genügt also, die Teile nur an- oder aufzulegen. Ein Anfeuchten der angesetzten Teile ist nicht erforderlich. Außerdem gibt der Kleister dem Material insgesamt noch mehr Härte und Haltbarkeit. Ein weiterer Vorteil: Der Teig trocknet beim Verarbeiten nicht so schnell auf.

Auch das gibt es:

Fertigsalzteig aus dem Fachgeschäft

Fertigsalzteig der Firma Kolb besteht aus organischen Tonmehlen und ersetzt die herkömmlichen Grundsubstanzen Mehl und Salz. Er enthält weder chemische Substanzen noch Lebensmittelrohstoffe. Dieses neue Material ist also auch für alle die geeignet, die bisher den Salzteig ablehnten, weil sie Grundnahrungsmittel nicht für dekorative Zwecke verwenden wollten.
Gegenüber dem herkömmlichen, selbstgemachten Salzteig hat er noch weitere Vorteile.

1. Er ist immer griffbereit, auch wenn nur Kleinigkeiten modelliert werden sollen. Die angebrochene Packung ist über einen längeren Zeitraum haltbar. Voraussetzung ist natürlich, daß der restliche Teig wieder luftdicht eingepackt wird.
2. Sie können ohne Vorarbeiten gleich ans Modellieren gehen. Fertigsalzteig hat immer die richtige Konsistenz und erspart Ihnen also Mischexperimente.
3. Ein versehentlich ausgetrockneter Teig wird wieder modellierfähig, wenn Sie ihn mit feuchten Händen durchkneten oder ins Wasser legen. Sie können ihn auch in ein feuchtes Tuch einschlagen.
4. Ihr fertiges Modell zieht keine Feuchtigkeit an und ist unbegrenzt haltbar.
5. Es bilden sich keine Risse.
6. Das Backen ist problemlos: Es entstehen keine Backblasen. Ihr Werkstück kann bei ständig gleichbleibender Temperatur von ca. 150° C ca. 1-1½ Std., je nach Durchmesser, gebacken werden. Sollten Sie Ihr Werk bei dieser Temperatur im Ofen vergessen haben, verbrennt es nicht, da sich die Farbe während des Härtens nicht verändert.
7. Dieser Teig kann auch luftgetrocknet werden. Hervorragend eignet sich diese Methode für Kombinationen mit Trockenblumen, die teilweise hitzeempfindlich sind und deshalb nicht im Ofen mitgehärtet werden können. Ein luftgetrocknetes Werkstück hat allerdings einen kleinen Nachteil: Es ist etwas empfindlicher als das im Ofen gehärtete.
8. Ihr aus diesem Material geformtes Teil können Sie auch mit Wasserfarben bemalen. Die Oberfläche ist nicht so porös wie beim selbsthergestellten Teig. Die feuchte Farbe wird daher nicht vom Material aufgesogen.
9. Sie können an ein bereits im Ofen gehärtetes Teil mit aufgelöstem Tapetenkleister ein feuchtes Teigstück ansetzen. So sind jederzeit Ergänzungen und Reparaturen möglich.
10. Ein sehr wesentlicher Punkt ist auch, daß dieser käufliche Salzteig hautverträglicher ist als der herkömmliche.

Wichtiger Hinweis:
Alle aus diesem Salzteig gefertigten Dinge, die an- oder aufgelegt und nicht fest verstrichen werden können, müssen auf jeden Fall mit aufgelöstem Tapetenkleister (1 Eßl. auf 125 ccm Wasser) oder mit Eiweiß bestrichen werden. In einem Schraubglas aufbewahrt, hält er über einen längeren Zeitraum.

Werkzeug und Hilfsmittel

Das wichtigste Arbeitsgerät sind unsere Hände. Durch den unmittelbaren Kontakt mit dem Salzteig bekommt man das richtige Gefühl für die Möglichkeiten, die im Material stecken. Außerdem brauchen wir:

Für die Teigzubereitung: Schüssel und Tasse, evtl. elektrische Küchenmaschine oder Handmixer.

Modellierhilfen:
Küchenmesser, Modellierstäbchen (im Hobbygeschäft erhältlich), Ausstechformen, Knoblauchpresse, Pinzette, Sieb, Manikürebesteck.

Hilfsmittel für Ornamente: Nägel, Schrauben, Zahnstocher, Schere, Schaschlikspieß, Zahnbürste, Trinkhalm, Kugelschreiberminen, Faserschreiber, Tülle vom Spritzbeutel, Töpferwerkzeug.

Sonstige Hilfsmittel: Wellholz, Palettenmesser (zum Abheben des Teiges), Backblech, Alufolie.

Material zur Fertigstellung: Bänder zum Aufhängen, Bilderaufhänger aus Leinen oder Metall, evtl. Rahmen, Kork- oder Bastscheiben, Holzteller zum Aufkleben usw.

Zur farblichen Gestaltung:
Farben/Patina/Lack
Borstenpinsel zum Patinieren und Grundieren
Rotmarderpinsel zum Bemalen
feine Stahlwolle (Stärke 00 oder 000) zum Abschleifen
Tapetenkleister für den käuflichen Salzteig (1 Eßl. Kleister auf 123 ccm Wasser)

Die richtige Arbeitsfläche:
Als Arbeitsfläche eignet sich am besten der Küchentisch oder ein großes Backbrett aus Holz.

Modellieren

Kaum eine Arbeit ist wie die andere. Die Anleitungen werden daher jeweils bei den Modellen gegeben.
Fast alle Werkstücke wurden auf dem Backblech ausgeformt. Natürlich vergessen wir nicht, Alufolie oder Backtrennpapier darunterzulegen. Stücke, die aneinanderkleben sollen, backen durch das Metylan automatisch zusammen, sonst werden sie mit Wasser leicht angefeuchtet. Abstehende Teile, die beim Backvorgang durchbiegen könnten, werden mit Alufolie abgestützt.

Kinder sind begeistert dabei!

Es wäre falsch, Salzteigmodellieren als eine Kinderarbeit abzutun. Aber andererseits sind alle Kinder begeistert dabei. Entsprechend ihrem Alter können sie erleben und zeigen, was in ihnen steckt. Und darauf kommt es an!
Das Material ist geschmeidig und preiswert. Gebacken wird gleich nebenan im eigenen Herd. Da hat auch das Kind leicht sein Erfolgserlebnis.

Richtiges Backen

Wenn die Kunstwerke gelingen sollen, muß auf richtiges Backen geachtet werden. Sonst könnte es Blasen geben oder die Modelle verformen sich nach einiger Zeit und können sogar reißen.
Grundsätzlich mit niedriger Stufe (Elektroherd ca. 100-120° C) ca. ½ Stunde trocknen lassen. Lassen Sie während dieser Zeit den Backofen einen kleinen Spalt offen, damit die Feuchtigkeit entweichen kann.
Der langsame Trocknungsprozeß ist wichtig, weil Salz sehr schnell verkrustet. Wenn Luft und Feuchtigkeit dadurch nicht mehr entweichen können, bilden sich Backblasen. Sollten trotz vorsichtigem Backen Backblasen entstehen, kann man diese in den ersten 15 Minuten, wenn die Oberfläche etwas anhärtet, das Innere aber noch weich ist, wegdrücken, indem mit einer feinen Nadel eingestochen wird.
Ist nun der Teig gut abgetrocknet, kann man auf eine höhere Backtemperatur schalten, und zwar auf 150° C, später 180° C. Wenn man noch mehr Bräunung wünscht, dann kurzfristig auf 200° C bis 220° C oder kurz auf „Grill" schalten. Da bei dieser Einschaltstufe der Salzteig schnell verbrennen kann, empfiehlt es sich, diesen Bräunungsvorgang zu beobachten.
Backzeiten bei kleineren Bildern ca. 1-2 Stunden, bei Kränzchen ca. 3-4 Stunden, andere Arbeiten auch 6-10 Stunden. Die Backzeit richtet sich nach der Dicke des Motivs.
Die Backzeit läßt sich bei Kränzen und dickeren Salzteigwerken verkürzen, indem man diese, sobald sie schon etwas festgebacken sind und ihre Form behalten, vom Blech nimmt und direkt auf den Rost im Backofen legt. So erhalten die Backwerke von unten mehr Hitze.
Bei Salzteigszenen, die sich über das gesamte Backblech erstrecken, sollte die Temperatur jeweils um 50° C niedriger angesetzt werden, um ein Wölben zu verhindern. Dadurch verlängert sich natürlich die Backzeit. Um später feststellen zu können, ob das Salzteiggebilde durchgetrocknet ist, benötigt man eine Stricknadel aus Metall. Mit dieser klopft man auf der Rückseite des Teiles zuerst gegen die dünnste Stelle, von der man annimmt, daß sie bestimmt durchgetrocknet ist. Den Ton, den das Klopfen erzeugt, prägt man sich ein. Nun klopft man gegen die dickste Stelle. Wird der Kloptton hier etwas dumpfer, so ist das Teil an dieser Stelle noch nicht durchgebacken. Ein fertig gebackenes Salzteiggebilde erzeugt überall den gleichen Ton.

Nach dem Backen legt man die Teile zum Abkühlen auf einen Rost.

Eine partielle Bräunung erreicht man, wenn Teile mit Alufolie abgedeckt, andere für die Bräunung offengelassen werden.

Das Übergrillen im Backofen verleiht den Salzteigszenen ein plastischeres Aussehen. Es gibt verschiedene Effekte, die man dabei erzielen kann. Legt man das fertiggebackene und abgekühlte Salzteigstück auf die oberste Schiene unter den vorgeheizten Grill, so erreicht man eine dunkel/helle Bräunung von oben nach unten. Dieser Effekt eignet sich besonders für Körbe, Kränze, Hüte und dergleichen. Bestreicht man das Salzteiggebilde mit Kondensmilch (man verwendet dazu einen Backpinsel), so entsteht eine fleckige Bräunung. Dies ist besonders bei Bäumen, Fenstern, Türen und dergleichen erwünscht. Bevor man mit dem Bräunen beginnt, bedeckt man alle Stellen, die entweder hell bleiben sollen oder anschließend bemalt werden, mit Alufolie. Während des Bräunungsvorgangs, den man dauernd kontrollieren muß, kann man fertig gebräunte Stellen ebenfalls mit Alufolie abdecken. Dadurch erreicht man eine optimale Bräunung an allen Stellen.

Möglichkeiten der farblichen Gestaltung

Viele Liebhaber des Salzteigmodellierens bevorzugen es, den natürlichen Charakter und Farbton des Materials zu erhalten, andere ziehen es vor, den Salzteig nach dem Härten und Abkühlen noch zu bemalen.

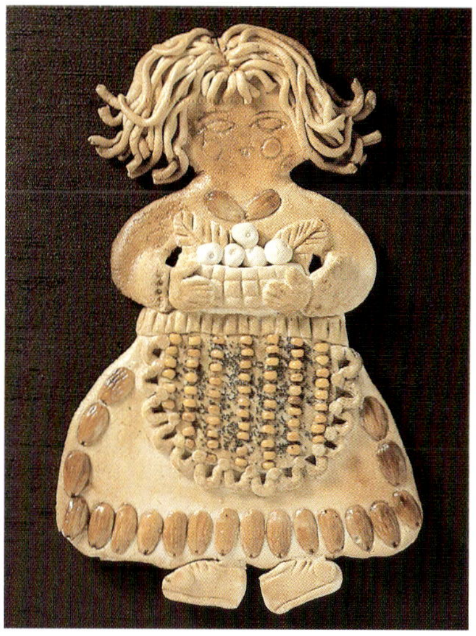

Die Lebendigkeit und Farbigkeit dieser Figur wurde allein durch das Backen erzielt. Eine Bemalung könnte nur zerstören.

So lebendig die Figur in ihrer Körperhaltung auch ist, sie schreit förmlich nach einer Bemalung, die auf dem unifarbigen Grund brillant herauskommt.

Es ist Geschmackssache, aber auch von Motiv und Verwendungszweck abhängig, welchen Weg Sie wählen. Farbigkeit der Modelle ist auch durch Einfärben einzelner Salzteigpartien möglich. In diesem Fall bleibt die Struktur des Backwerks deutlich erkennbar.
Durch den Backvorgang entstehen effektvolle Farbschattierungen, die man z.B. durch Einpinseln mit Kondensmilch oder durch teilweises Abdecken mit Alufolie – und auch durch das beschriebene Übergrillen – beeinflussen kann. Je stärker diese Tönungen sind, desto weniger kommt ein nachträgliches Bemalen in Frage. Interessant ist, daß der käufliche Fertigsalzteig seine Farbe beim Backen überhaupt nicht verändert. Dies schafft eine neue Ausgangsposition. Die Stücke wirken im Gegensatz zum natürlichen Salzteig blaß; sie sind deswegen für eine Bemalung hervorragend geeignet. Auch das Patinieren bietet sich an, weil dadurch ein Hauch von Natürlichkeit erzielt wird.

Zum Bemalen eignen sich Hobbyfarben auf Acrylbasis (Bauernmalerei-Farben). Diese „stehen" auf dem Material, so daß man kleine und kleinste Muster aufbringen kann. Da Wasserfarben vom Salzteig aufgenommen werden, wirken sie blasser. Die stärker fließende Farbe erlaubt keine Detailzeichnung. Wer vorher mit Deckweiß grundiert, mildert die vorgenannten Schwächen.
Wo zarte Töne angestrebt werden, sind auch Aquarellfarben zu empfehlen.

Für **Gesicht** und **Hände** mischt man die Hautfarbe aus Weiß oder Elfenbein, Orange und ein wenig Gelb. Die Farbe wird etwas wäßrig aufgetragen, damit sie zart wirkt. Solange die Farbe noch feucht ist, werden für die Wangen kleine rote Punkte aufgemalt, die dann mit der Gesichtsfarbe ineinanderfließen. Augen und Mund werden mit einem feinen Pinsel ausgemalt.

Für die **Kleidung** erst Grundfarben auftragen, dann die verschiedenen Muster, Taschen, Blümchen, Herzchen, Flicken, Mieder, Schleifen, Krawatten, Knöpfe, Streifen, Punkte usw. aufmalen.

Das Bearbeiten mit Patina
Bevorzugen Sie die natürlichen Brauntöne, dann gefällt Ihnen mit Sicherheit die einfache, jedoch wirkungsvolle Technik mit der unterschiedlichen Dunkel- und Hell-Patinierung. Hier wird Patinaöl mit Patinapaste umbra gemischt. Je nach gewünschter Intensität des Brauntons geben Sie mehr oder weniger Paste dazu. Das Teil wird nach dem Patinaauftrag teilweise wieder mit feiner Stahlwolle abgeschliffen.
Bestimmte Teile können ganz bewußt etwas mehr oder weniger intensiv bearbeitet werden. Die erhabenen, helleren Stellen stechen dann gegenüber den tiefer liegenden, dunkleren Stellen hervor. Nach dem Abschleifen und dem Antrocknen der Patina werden die Schleifreste der Stahlwolle, die sich besonders in den Vertiefungen der Formteile festgesetzt haben, mit einem weichen Pinsel oder einer Bürste vorsichtig entfernt. Intensivere Farben erreichen Sie durch das Auftragen von Klarlack „Seidenglanz" oder „Seidenmatt".

Lackieren und Verzieren
Um die Kunstwerke vor Feuchtigkeit zu schützen, besprüht oder bepinselt man sie mit Matt-, Seidenmatt- oder Klarlack, je nachdem, wie stark der Glanz gewünscht wird. Ein dünneres Auftragen des Lacks erreicht man durch Sprühen. Bastellacke sind im Hobbyhandel in der Sprühdose oder im Glas erhältlich.
Vorsicht beim Lackieren von bemalten Motiven! Der Lack dringt nicht wie bei den naturbelassenen Stücken etwas ein, sondern „steht" auf der Farbe und glänzt dadurch mehr. Man sollte beim Lackieren auf keinen Fall die Rückseite vergessen. Hier ist der Schutz besonders wichtig.

Die Autorinnen Iris Buresch und Heide Psotka legen großen Wert darauf, daß jedes fertige Stück zweimal lackiert wird. Dadurch werden die Poren verschlossen und die Arbeit vor Feuchtigkeit geschützt. Als Lack empfehlen sie gewöhnlichen Klarlack (nicht dünnflüssigen Bastellack). Diesen gibt es in Matt oder Hochglänzend in Hobby- und Baumärkten.

Zum Verzieren der Salzteigarbeiten, ganz besonders der Bilder und Szenen, werden vielfach getrocknete Blumen, Gräser, Ähren, Moos, Gewürznelken, Petersilie, Spitze und ähnliches verwendet. Außer Gewürznelken und Petersilie werden diese Verzierungen nachträglich mit Pritt Alleskleber aufgeklebt. Gewürznelken steckt man vor dem Backen in den Salzteig, Petersilie wird auf die noch feuchte letzte Lackschicht gestreut.

Kleben
Während für das nachträgliche Ankleben der Verzierungen wie gesagt Pritt Alleskleber in Frage kommt, ist für das Zusammenkleben von Salzteigteilen und für das Stabilisieren von Verbindungen ein Zweikomponentenkleber (z.B. Pattex Stabilit express) am besten geeignet.

Salzteig kombiniert mit Trocken- und Seidenblumen

Plätzchenbacken ist kein Problem. Oft sind die üblichen Ausstechformen noch zu groß. Die Miniförmchen gibt es auch im Haushaltswarengeschäft. Bei der Handhabung und beim Backen ist nichts besonderes zu beachten. Weil das Salzteiggebäck aber lange halten wird und der Dekoration dienen soll, bringen wir einige Verzierungen mehr an. Man kann Zahnstocher, Trinkhalme, Verschlußkapseln vor dem Backen in den Teig drücken. Ideal sind Messing-Brennstempel für die Brandmalerei.

Jedes Plätzchen erhält ein kleines Loch zum späteren Andrahten oder Aufhängen. Eine andere Art der Verzierung ist das Aufkleben von aufgestreutem Mohn.

Die fertigen Plätzchen kann man vielfältig verwenden. Bei freischwebenden Plätzchen wird man beide Seiten verzieren.

Kekspyramide, 9 cm hoch

Eine ca. 14 cm hohe Styropor-Pyramide wurde an der Spitze um 5 cm gekürzt und mit dunkelgrünem Krepppapier umwickelt. Die sehr kleinen Kekse wurden ausgestochen, gebräunt, lackiert und in einer kleinen Verzierung mit Mohn bestreut (Pritt Alleskleber!).

Durch das Loch wird Draht gezogen, mit dessen Hilfe nun die Kekse von unten beginnend rundum in die Pyramide gesteckt werden. Die Kerze ist mit drei kurzen Steckdrähten im Kegel befestigt. Um sie herum liegt ein kleiner Kranz aus aufgedrahteten Salzteigperlen.

Oft werden die kleinen Salzteigteile von Floristen mitverwendet. Auch dies ist leicht zu lernen.

Zwei Biedermeier-Sträuße

Die Basis ist aus weißer Statice gebunden. Der braune Strauß ist mit Herzen in unterschiedlicher Größe und mit kleinen Vögeln aus Salzteig geschmückt. Sind sie im Strauß hübsch verteilt, nach Vorlage oder eigener Phantasie, zieht man die angedrahteten Seidenblumen, vergoldeten Erlenzapfen und grünen Lackäpfel zwischen die Salzteigkekse. So werden alle Lücken geschlossen. Die Mitte dieses Straußes bildet ein vergoldeter Erlenzapfen und ein Ring aus Salzteigperlen.

Perlen: Die frischen Teigkugeln auf einen Steckdraht ziehen, bräunen und lackieren. Sind sie fertig, zieht man sie im Wechsel mit grünen Holzperlen auf einen feinen Draht und bindet einen Ring.

Flache Salzteig-Blüten: Drei gleich große Teigkugeln werden dicht zum Dreieck gelegt und mit dem Modellierholz flachgedrückt. In die etwas verspachtelte Mitte wird eine kleinere Kugel gesetzt und verziert.

Der zartrosa Biedermeierstrauß ist mit flachen Teigblüten und Salzteigrosen gebildet, deren Herstellung hier erläutert wird. Daneben sind rosa Glöckchengras und rosa Kunststoffperlen eingebunden.

Biedermeier-Sträuße binden

Man kann sie auf zweierlei Art binden: Zuerst eine Basis aus Statice, Ruskus etc. oder fortlaufend von der Mitte aus alle Teile anlegen.

Bei Salzteigsträußen ist es einfach, zuerst die Basis zu binden und von oben die Schmuckteile einzuarbeiten. Statice oder Ruskus werden ca. 3-4 cm lang geschnitten, büschelweise zusammengelegt und mit einem Steckdraht, Stärke 0,7 mm, mehrfach umwickelt.

Alle anderen Zutaten für diese Sträuße werden ebenfalls vorher angedrahtet. Der Sträußchenstiel würde nur aus dünnen Steckdrähten bestehen, daher ist es ratsam, alle Drähte um ein ca. 7 cm langes Stöckchen zu binden. Der Stiel ist dadurch nicht so dünn, und die Manschette rutscht nicht ab.

Die angedrahtete Statice wird nun von der Mitte beginnend, und nach den Seiten abfallend, zum Strauß verbunden. Er soll halbrund, also oben schön gewölbt wirken. Die angedrahteten Kekse, Vögel, Brezeln, Brötchen und Salzteigblüten können von oben in den Strauß gesteckt und der Draht am Stock befestigt werden.

Rosen formen

Sie werden aus einer Teigkugel geformt. Zwischen Arbeitsplatte und Fingerspitzen werden Teigrollen 6 bis 12 cm lang gerollt und mit den Fingern flachgedrückt. Mit einem feinen Spachtel den Teig von der Arbeitsplatte lösen. Das Teigband einrollen. Darauf achten, daß die Mitte eng und nach außen hin locker gerollt wird.

Mit den Fingern die Außenkanten der Rosen etwas nach unten biegen. Am Blütenkelch kann etwas Teig abgenommen und ein Draht mit einer kleinen Öse eingeführt werden.

Raumschmuck

Der Strohkranz hat 12 cm Ø. Geschmückt ist er mit 5 mittelgroßen Sternen, vielen Plätzchen und Perlenringen. Da die Plätzchen frei im Raum hängen, sollten sie beidseitig mit Modellierhilfen verziert werden. Der Teig darf nicht zu geschmeidig sein. Ist die Oberseite verziert, wendet man sie und drückt in die Rückseite die Ornamente nur sehr leicht.

Der Kranz ist mit Perlenringen geschmückt. Kleine Salzteigkugeln schiebt man auf einen Steckdraht, trocknet und bräunt sie, wie es mit anderen Arbeiten auch gehandhabt wird. Nach dem Lackieren zieht man sie im Wechsel mit kleinen grünen Holzperlen auf einen feinen Draht. Er wird zum Ring zusammengebunden. Zum Aufhängen dienen zwei grüne Bänder.

Wandschmuck

Basis für diesen Wandschmuck ist wiederum ein Strohkranz. Als Aufhängung dient ein breites Schmuckband. Gestalterisch dominierend ist das reichlich angebrachte Kleingebäck. Der Strohkranz hat 10 cm Ø.

Sind die Plätzchen trocken und mit Klarlack übermalt, bindet man sie an einen Wollfaden. Sehr hilfreich ist dabei ein feiner Myrten- oder Kupferdraht. Einen Draht von ca. 10 cm Länge knickt man einmal zusammen, legt in den Knick den Wollfaden und zieht mit dieser Hilfe den Faden durch das feine Plätzchenloch. Alle Schmuckteile am Kranz befestigen und die Knoten mit etwas Klebstoff fixieren.

Aus zwei Teigrollen ist das Herz geformt. Man legt sie nebeneinander, umwickelt sie miteinander, formt sie zu einem Herz und legt es zum Trocknen auf Zeitungspapier.

Eine kleine Blume als Schmuck noch anbringen. Herz und Stern werden mit einem Wollfaden, die beiden Vögel mit Klebstoff am Strohkranz befestigt. Die kleinen Lackäpfel sind mit Draht befestigt.

Holzmodelgebäck

Adventskranz mit Bildern

Der Kranz hat einen Durchmesser von 20 cm. Er ist auf Deko-Steckmaterial mit grünem Moos und Hortensienblüten gesteckt. Das Moos ist mit Haftnadeln oder selbstgebogenen Drahtnadeln befestigt.

Salzteigbilder: Die kleinen Bilder sind mit Holzmodeln gefertigt. Salzteig löst sich aus Holz, wenn dieses zuvor mit Öl eingerieben wurde. Der Teig wird fest von der Mitte aus in die Model gedrückt. An den Seiten soll er überstehen. Zum Herausnehmen die Seiten lösen, Model nach unten halten und den Abdruck vorsichtig herausziehen. Den überstehenden Teig abschneiden und ein Loch zum Aufhängen hineindrücken. Die Bilder eine Stunde im Ofen trocknen lassen, bemalen und lackieren.

Herzen: Die Herzen sind aus Plombendraht, Bouillon und einer Schaumperle gefertigt. Unterschiedlich große Herzen werden aus Plombendraht gebogen. Mit Bouillondraht werden sie füllig umwickelt. Eine Schaumperle auf den feinen Bouillondraht auffädeln und in die Herzen mit einweben. Die Herzen an der Spitze mit einem Draht befestigen und lokker im Kranz verteilen. Die Bilder ebenfalls im Kranz befestigen.

Adventskranz mit großen Herzen

Die Herzen dieses Kranzes und auch die wichtigsten anderen Elemente sind weder aus Plätzchenformen ausgestochen noch Reliefformen entnommen.

Zunächst wurden die Formen ausgeschnitten. Am besten fertigt man sich hierzu ein Schnittmuster. Für das Herz knickt man ein Stück Papier und zeichnet an der Knickstelle eine Herzhälfte. Dann ausschneiden und aufklappen. Diese Schablone auf den ausgerollten Teig legen und mit einem Messer das Teigherz ausschneiden. Schließlich das Herz mit sehr dünnen Teigrollen einfassen und verzieren. In jedes Herz zwei Löcher für den Aufhängefaden stechen.

Von der Kerze klebt man sie halbkreisförmig herunterhängend wieder zum Band. Nun kann der Kranz mit dem Salzteigschmuck verziert werden.

Die kleinen Plätzchenherzen (Aspikförmchen) klebt man auf eine feine Goldkordel. Auch sie werden halbkreisförmig von der Kerze zum Band aufgehängt. Zwei Vögel vor den Kerzen anbringen. Der aparte, in der Mitte hängende Salzteigengel und die kleinen Figuren, welche die Bänder schmücken, werden mit Reliefformen gefertigt.

Hängender Adventskranz
Als Unterlage wurde ein Strohkranz (25 cm ∅) verwendet. Er ist rundum mit grünem Islandmoos besteckt.
Zum Dekorieren sollten nun die vier karierten Bänder angebracht werden. Zwei gleich lange Bänder zuschneiden, von außen um den Kranz herumführen und die vier Enden an der Innenseite mit Draht im Kranz befestigen. Nun den Kranz aufhängen. In die Kerzen drei kurze Steckdrähte stecken, die zuvor über einer Kerze etwas angewärmt werden. Kleine Trockenblümchen einzeln mit Pritt Alleskleber aufkleben.

Miniaturbackwaren

Brötchen: Zwischen den Handtellern die Kugel glattrollen, auf die Arbeitsplatte legen und etwas flachdrücken. Mit einem Messerrücken kreuzweise Vertiefungen eindrücken.

Brot: Es wird ebenfalls aus einer Kugel geformt; sie wird oval gerollt, auf die Arbeitsplatte gelegt und in die gewünschte Form gedrückt. Mit dem Messer schräglaufende Vertiefungen eindrücken.

Rundes Brot: Eine große Teigkugel zwischen den Handflächen etwas flachdrücken, auf die Arbeitsplatte legen und mit dem Messerrücken schachbrettartig angeordnete Rillen eindrücken.

Baguette: Aus einer Kugel zwischen den Handflächen ein langes Brot rollen. Auf die Arbeitsplatte legen und Rillen eindrücken.

Hörnchen: Salzteig mit der Kuchenrolle dünn ausrollen. Zuvor etwas Mehl auf die Arbeitsplatte streuen. Dreiecke ausschneiden und zusammenrollen, die Spitze soll oben liegen.

Brezel: Zwischen Arbeitsplatte und Fingerspitzen eine Rolle mit ca. 9 cm Länge ausrollen, die Teigenden hochheben, zur Mitte beide Bänder einmal umeinanderlegen und die Enden auf die Rundung der Brezel legen.

Runde Teigkringel: Ein langes Teigband in zwei gleich lange Teile zuschneiden, nebeneinanderlegen und beide zusammenrollen. Das Band zum Kreis legen und auf die gewünschte Länge zuschneiden.

Anstielen und Trocknen:
Die Plätzchen auf eine Zeitung legen und die Oberfläche antrocknen lassen. Mit einem Messer anheben und in die Unterseite einen Steckdraht, der zuvor mit einer Öse versehen wurde, hineinführen.

Wandschmuck mit Kerze

Die Halterung für die Kerze muß zuerst erstellt werden. Sie besteht aus zwei Leisten: a) 20 × 2 × 1 cm;
b) 6 × 2 × 1 cm.
Die kurze Leiste wird im rechten Winkel auf die Rückseite genagelt und zusätzlich mit Ponal verklebt. Auf die kurze Leiste den kleinen Kerzenhalter kleben und mit Bronze bemalen.

Dieses kleine Gestell auf eine sehr harte Pappe (7 × 29 cm) kleben.
Als Steckbasis den flach zugeschnittenen Steckschaum auf die lange Holzleiste kleben und zusätzlich mit Draht umwickeln.
Der kurzgeschnittene Ruskus, Statice, die braunen Immortellen und der Salzteigschmuck können nun dekoriert werden.

Bäuerlicher Getreidestrauß

Der Strauß ist flach gearbeitet und als Wandschmuck gedacht. Weizen oder andere Getreidearten flach auf den Tisch legen, bis der Strauß eine schöne Form zeigt.

Die Ähren mit reichlich Pritt Alleskleber miteinander verkleben. Die Stiele zusammenfassen und mit Draht umwickeln. Einige Zeit trocknen lassen, den Strauß wenden und von der Rückseite nochmals verkleben. Ebenfalls von der Rückseite ein Aufhängeband einkleben.

Ist der Strauß in sich fest, kann der Salzteigschmuck aufgeklebt werden. Er wird zuvor mit Mohn, Sesam, Kümmel oder Haferflocken beklebt.

Erntekrone, 35 cm hoch, 25 cm Ø

Abbildung auf Seite 20

Das Gestell für eine solche Krone kann aus Weidenstielen oder aus festen Drähten geformt werden. Es besteht aus einem Kranz, 25 cm Ø und aus zwei Bögen, je 70 cm. Mit Draht verbindet man sie fest mit dem Kranz. Wo die Bögen zusammenlaufen, befestigt man sie nochmals mit Wickeldraht und bildet gleichzeitig eine Schlaufe daran, um die Krone später aufzuhängen.

Umwickelt sind die Kronenbögen von oben nach unten mit grünem Hafer, Hirse und Gräsern. Im Herbst kann man alles in der Natur sammeln. Der Kranz wird aus den gleichen Gräsern gebunden. Zutaten kurzgeschnitten bündelweise anlegen und mit Wickeldraht festbinden.

Die Erntekrone hängt voll mit Salzteigschmuck. Die meisten Teile werden nach der Anleitung „Miniaturbackwaren" modelliert.

Die Birne formt man aus einer Kugel, die an einer Seite spitz zugerollt wird. Da hinein steckt man einen Steckdraht, ca. 8 cm lang, der zuvor mit einer kleinen Öse versehen wurde. In die Rundung eine Nelkenfrucht stekken. Die Birne zum Trocknen auf eine Zeitung legen. Der Teig muß recht fest sein, sonst liegt sich die Birne an einer Seite flach.

Die Krone ist mit vier Pferdchen und vier Bäuerinnen geschmückt. Beide wurden mit Plätzchenfiguren ausgestochen. Die Bäuerinnen sind zusätzlich mit Teig verziert; sie haben eine Frisur und einen Rock bekommen. Die Pferdchen wurden lediglich mit Modellierhilfen, Sternchen und Kreisen verziert.

Nach Fertigstellung der Einzelteile können sie angebracht werden. Der Draht des Schmucks muß gut im Reifen befestigt werden. Einige Teile zuvor mit Mohn bestreuen (Pritt Alleskleber). In die Mitte wird eine Brezel gehängt. Sie ist aus einer langen Teigrolle geformt und mit drei Blättern und vier kleinen Blüten geschmückt.

Erntekrone

Beschreibung auf Seite 19

Ministräußchen

Das zartblaue Sträußchen ist mit Miniaturbackwaren, Anleitung Seite 18, hellblauen Seidenblumen und Mohnkapseln verziert. Die Kapseln und die Backwaren sind mit Mohn beklebt (Pritt Alleskleber).

Rustikaler Tischschmuck

Der Tischschmuck ist 30 cm lang und wurde auf Styrofoam gearbeitet. Ist Styrofoam am Block nicht erhältlich, kann auch Ton verwendet werden. Bei Ton sollte man darauf achten, daß er mehrfach mit Draht umwickelt wird, da er sehr leicht reißt. Zum Versäubern wird er auf Silberfolie gelegt. Kurzgeschnittener Ruskus wird in die Steckbasis gesteckt. Darüber den Salzteigschmuck und die roten Immortellen stecken. Wie der Schmuck gefertigt wird, ist auf Seite 18 nachzulesen.

Wie das Engelpaar gefertigt wird, ist auf Seite 16 erklärt.

Vier kleine Samtschlaufen werden zuletzt in das Gesteck eingearbeitet.

Zum Weihnachtsfest, mit roten Kerzen geschmückt, ergibt es einen festlichen Schmuck.

Blumen- und Obstkörbchen

Zuerst wird die Grundform für das Körbchen ausgewellt und ausgeschnitten. Schmale Teigwürstchen werden auf der Grundplatte gitterartig geformt. Die so entstandenen Rauten können mit einem Trinkhalm ausgeschmückt werden. Oder man drückt Gewürznelken bzw. Pfefferkörner ein. Beim Verzieren des Körbchens kann man den Schwerpunkt auf die Ausschmückung des Henkels oder den Korbinhalt legen.

Bei dem üppig verzierten Henkel legt man eine etwas dickere Teigwulst an das vorbereitete Körbchen an, drückt diese leicht platt und ordnet Blumen, Blüten und Blätter wie beschrieben an. Die Motive am besten so arrangieren, als wolle man ein Blumengesteck zusammenstellen. Für den sichtbaren Henkel werden zwei Teigwürste miteinander verschlungen und angedrückt. Wichtig ist, daß der Ansatzpunkt von Henkel und Korb etwas verstärkt wird, da dies eine besonders stark belastete Stelle ist und durch das Gewicht des Korbes leicht brechen könnte.

Größe der Körbchen:
Rosenkorb (links) 23 cm
Rosenkorb (Mitte) 30 cm
Obstkorb (rechts) 28 cm
Korb mit verziertem Henkel 35 cm
Backzeit ca. 3-4 Stunden

Kränze vollständig aus Salzteig

Geflochtener Kranz, mit Schleife, 18 cm ∅
Der Schwerpunkt liegt auf einer Vielzahl feinmodellierter Blumen, die auch das Detailfoto zeigt.
Backzeit ca. 3 Stunden.

Kleiner Rosenkranz, 11 cm ∅
Auf einen schlichten Teigrand zunächst einen Kranz von Blättern setzen, darauf eingefärbte Röschen anordnen.
Backzeit ca. 2 Stunden.

Vogelkranz, 20 cm ∅
Zwei Teigwürste werden umeinander zum Kranz geschlungen. Neben die Blumen- und Blattdekorationen treten ausgestochene Vögelchen mit ovalen aufgesetzten Flügeln. Die Ornamente sind mit Trinkhalmen eingedrückt. Backzeit ca. 2½ Stunden.

Brötchenkranz, 20 cm ∅
Teigring formen, Backwaren fertigen und aufdrücken. Reizvoll die eingefärbten Blätter. Backzeit ca. 2½ Std.

Blüten modellieren

Flache Blüten: Gleich große Teigkugeln rollen und etwas flachdrükken. Sie zu einer Blüte zusammenlegen und die Mitte etwas verspachteln. Eine kleine Kugel als Blütenmitte auflegen. Nach dieser Anleitung lassen sich Blüten mit drei, vier oder mehr Blütenblättern gestalten. Die Blütenblätter können mit kleinen Ornamenten geschmückt werden; ein Modellierholz ist hier das Hilfsmittel. Der äußere Rand der Blütenblätter kann etwas nach oben gebogen werden.
Maiglöckchen: Kleine Teigkugeln an einer Seite spitz zurollen und einen ca. 5 cm langen Kupferdraht (0,25 mm ∅) am spitzen Ende durchstecken. Mit diesem Draht werden die Blüten nach dem Trocknen und Bemalen am Hauptstiel befestigt. In die Blütenmitte mit einem Strohhalm eine Vertiefung eindrücken.
Margeriten: Zuerst eine große Kugel für die Blütenmitte rollen und flachdrücken. Mit einem Messerrücken kreuzweise Rillen eindrükken. Danach sechs bis neun gleich große Kugeln flachdrücken und ansetzen. Mit dem Messer eine kleine Kerbe eindrücken.
Kleine Rosen: Beschreibung Seite 42.

Bemalen

Geeignete Farben zum Bemalen sind mit Wasser verdünnte Hobbyfarben und Wasser-Deckfarben. Blüten, die mit mehreren Farben fein bemalt werden, sollte man zuerst flächig in einer Grundfarbe ausmalen. Ist diese angetrocknet, zeichnet man mit einem sehr feinen Pinsel die Verzierungen auf. Nach dem Durchtrocknen mit Klarlack überziehen.

Kranz mit Engel
Wie die Rosen hergestellt werden, ist auf Seite 42 nachzulesen. Bemalt sind sie mit Weiß und etwas Cremegelb. Der Engel ist mit Hilfe einer Reliefform gefertigt (Anleitung Seite 16).

Kleiner Frühlingsstrauß
Bildgröße 13×16 cm. Dieses kleine Miniatursträußchen wird fertiggebunden auf den Bilduntergrund geklebt. Die Drahtstiele werden mit einem Kreppband umwickelt. Aus einigen Ruskuszweigen bindet man eine kleine Straußunterlage und zieht zwischen die kleinen Blätter die Salzteigblüten. Einige kurze Immortellen einkleben. Zuletzt das Sträußchen mit einer Samtschleife schmücken.

Fünf Miniaturen
Dieser Miniaturschmuck (7-8 cm ∅) ist auf einem festen Steckdraht gearbeitet. Der Draht wird zu einem Ring, einem Herz oder einem Oval geformt. Kurzgeschnittener Ruskus wird mit feinem Blumendraht auf die Drahtunterlage gewickelt. Die fertigen Salzteigblüten werden nun zwischen die Ruskusblätter gebunden. Die Kränzchen sind mit flachen Blüten und Rosen geschmückt. Kleine weiße Sternchenblumen aufkleben. Zuletzt die Arbeit mit einem feinen Samtband schmücken.

Kugelbaum in Rosa

Bei diesem Blütenbaum treten die Salzteigelemente etwas zurück. Das naturbelassene Salzteiggebäck bildet einen wohltuenden Kontrast zur Buntheit des übrigen Materials.

Die Kugel aus Steckschaum hat einen Durchmesser von 12 cm und ist rundum mit kurzgeschnittener Statice besteckt.

Zum Ausschmücken wird sie auf den Holzstab gesteckt, der zuvor mit Garn umwickelt und mit Gips in einen Plastik- oder Tontopf eingegossen wird. Nicht direkt in Keramiktöpfe eingießen, da sie leicht platzen.

Ausgeschmückt wird dieses Kugelbäumchen mit einigen Schleifentuffs, rosa Seidenblumen, Immortellen und Zierspiegeln. Sie werden auf etwas größere Pappscheiben geklebt und mit einem feinen Brokatband umklebt.

Unterschiedlich große Salzteigrosen und Plätzchen zieren diesen Baum. Die weißen Tauben, ein Schleifentuff und einige Seidenblümchen schmükken den Topfrand.

Porzellanente

Diese lustige Ente ist als Zimmerschmuck vielseitig zu verwenden. In die Ente legt man Mosy, da hinein steckt man locker Statice, und darüber arrangiert man die Salzteigblüten nach Vorlage oder eigener Phantasie. Die rosafarbenen Blüten formt man aus drei dicken Kugeln, die zu einer Seite hin etwas abgeflacht werden. Eine dicke Blütenmitte aus einer Halbkugel aufsetzen.

Blumenschale

Bildgröße 13×18 cm. Vorbereitung der Grundplatte wie beim Rosenbäumchen. Der obere Rand des Körbchens ist halbrund zugeschnitten und zusätzlich mit einem Teigband verbreitert. Der breite Rand dient später als Klebefläche für den Steckschaum. Zuvor wird das Körbchen ausgeschmückt. Mit einem Messerrücken Rillen hineindrücken, kleine Kugeln als Blüten und kleine Ovale als Blätter aufsetzen.
Danach das Körbchen gut trocknen, bemalen und lackieren. Dieses anschließend auf den Hintergrund kleben. Blüten und Blätter in den auf den Rand geklebten Steckschaum stekken. Zusätzlich können die Stiele vor dem Stecken in etwas Klebstoff getaucht werden, sie fallen dann nicht aus der Arbeit heraus.

Rosenbäumchen

Bildgröße 21×27 cm. Auf eine feste Pappe wird ein Tapetenrest geklebt. Die Pappe so groß zuschneiden, daß sie hinter den Rahmen geklebt werden kann, dadurch erhält er eine größere Tiefe.
Eine halbierte Steckschaumkugel (20 cm ∅) wird mit Pritt Alleskleber auf die Leinentapete geklebt.
Grün eingefärbtes Islandmoos mit Haftklammern auf der Kugel befestigen. Sind die Blüten bemalt und lakkiert, werden sie ebenfalls in die Halbkugel gesteckt.
Einige Seidenblumen-Blätter zwischen die Blüten verteilen. Unter der Halbkugel werden ein ca. 5,5 cm langer Holzstab, der mit Makrameegarn umwickelt ist, und der aus Salzteig modellierte Topf geklebt.
Topf und Blüten leicht mit Goldbronze übermalen.

Tischgesteck
Als Steckbasis für die Silberlinge, die Statice und die zarten Gräser dient ein 20 cm langer Steckschaumblock. Oben ist er halbrund geschnitten, und die Unterseite wird mit Kreppapier kaschiert.

Weiße Blüten mit gelber Mitte: Unterschiedlich große Kugeln an einer Seite spitz zurollen und oben mit einem Strohhalm oder einer Sternchenform (Kappe von Faserschreibern oder Mohnkapseln) das Ornament eindrücken.
Nachdem sie leicht angetrocknet sind, einen Steckdraht, der mit einer kleinen Öse versehen ist, hineinschieben.

Salzteigringe: Mit den Händen formt man eine Rolle, schneidet sie in ca. 6 cm lange Stücke und legt sie zu einem Kranz zusammen. Gelbe Ornamente schmücken diese Kränze. Auch die Ringe werden angedrahtet.

Sommerblumenstrauß
Bildgröße 35 × 45 cm.
Die Grundplatte ist mit Korktapete beklebt. Als Steckbasis für die Salzteigblüten ein ovales, flaches Stück Steckschaum aufkleben. Darauf ist zartes goldbesprühtes Wiesengras mit Drahtgabeln befestigt. Das Gras ist zu einem Strauß zusammengebunden; die Stiele sind unten im Bild sichtbar. Zuerst die Blüten lose auf den Untergrund legen und die Wirkung betrachten. Gefällt das Arrangement, dann können die Drahtstiele flach in die Steckschaumunterlage gesteckt werden. Sitzen einige Blüten nicht so fest, so klebt man sie zusätzlich mit Pritt Alleskleber an. Zuletzt ein Schmuckband einkleben.

Wandbilder, 13 × 13 cm
Die Grundplatten für diese Bilder haben die Größe 11 × 11 cm.
Die Rosen formt man aus vier kleinen Kugeln. Dazu werden die Kugeln flachgedrückt. Für das Mittelblatt der Rose wird ein flaches Kügelchen eingerollt, die weiteren drei Blütenblätter angelegt und etwas nach außen gebogen.
Die Stiele des gelben Rosensträußchens werden durch kleine Teigrollen dargestellt.
Es folgt das Körbchen oder das Füllhorn. Der Teig wird mit der Hand flachgedrückt und ausgeschnitten. Mit dem Messerrücken die Konturen eindrücken und danach Blüten und Blätter aufsetzen.
Für die blauen Blüten mit der weißen Mitte fertigt man vier Kugeln. Drei davon zu einem Kreis dicht zusammenlegen, mit einem Spachtel die Mitte verspachteln und leicht andrücken. Eine kleine Kugel als Blütenmitte aufsetzen und die Blüten dekorieren.
Die drei blauen Blumen mit der sternchenartig wirkenden Mitte sind mit der Kappe eines Faserschreibers entstanden. Man formt eine Kugel und drückt die Kappe leicht hinein.
Das Blumenkörbchen mit den roten und gelben Rosen ist zusätzlich noch mit kleineren Blüten geschmückt. Dieses ist wohl die einfachste Art, Blüten zu gestalten: Eine kleine Kugel wird auf die Blätter gelegt und mit einem Holzstab ein kleines Loch hineingedrückt.
Bemalt sind nur die aufgesetzten Teile, die Grundplatten sind mittelbraun gebacken.
Mit Pattex Kraft-Mix kann ein Metall-Aufhänger in der Mitte angeklebt oder mit einem kleinen Bohrer ein Loch eingebohrt werden.

Noch eine Variante: Überziehen mit Tauchwachs

Sommerblumenstrauß

Die Rosen entstehen aus vier bis fünf einzelnen Blütenblättern. Mittelgroße Kugeln werden in eine ovale Form gedrückt. Die erste Kugel wird trichterförmig zusammengerollt, die weiteren drei bis vier Kugeln an das Mittelblatt angelegt. Die letzten Blätter nach außen biegen, so erhält die Rose eine volle, runde Form. Am Kelch die überflüssige Teigmasse abnehmen. Ein bis zwei Blumensteckdrähte, etwa 20 cm lang, von unten in die Blüte einführen.

Achtung: Diese kunstvollen Blüten zum Trocknen über eine erhöhte Kante legen; sie würden sich sonst flachdrücken.

Kleine weiße Blüten: An eine dickere Mittelkugel, die etwas flachgedrückt wird, legt man sieben bis acht kleine Kugeln an und verbindet sie mit der mittleren Kugel. Blüte etwas antrocknen lassen, und für den Stiel einen ca. 20 cm langen Draht von unten in die Blüte schieben. Ihn zuvor mit einem kleinen Haken versehen. An den Blütenboden, um den Draht herum, noch etwas Salzteig spachteln. Dadurch hat der Draht in der Blüte einen besseren Halt.

Einige große Blätter schmücken den Strauß. Auch sie werden aus einer Kugel, die tropfenförmig gerollt und dann flachgedrückt wird, gefertigt. Mit einem Modellierholz Blattadern eindrücken. Sie werden ebenfalls mit einem Draht versehen. Er wird am Ende etwas umgebogen und vorsichtig in das Blatt gesteckt.

Sind Blüten und Blätter völlig trocken, werden sie bemalt und lackiert. Danach noch einmal trocknen lassen.

Farbloses Tauchwachs erhitzen und Blüten und Blätter kurz eintauchen, abschütteln und trocknen lassen. Das Gesteck oder die Blumenvase kann nun arrangiert werden. Die Blüten auf dem Bild sind mit kurzgeschnittenem Ruskus und Schleierkraut garniert.

Wandgesteck, Höhe ca. 45 cm

Ein willkommener Wandschmuck für die Diele oder für ein Empfangszimmer. Mit anderen Farben und rustikalerem Material erzielen Sie auch eine andere Wirkung. Es ist nicht schwer, für die eigenen vier Wände ein farblich passendes Wachsblumen-Gesteck zu entwerfen.

Die trockenen Blüten werden weißgrundig bemalt, die Blütenmitte dunkelblau; die einzelnen Blütenblätter mit einem lichten Blau abschattiert.

Alles gut durchtrocknen lassen, nicht lackieren. Blüten und Blätter in heißes Tauchwachs eintauchen, abschütteln und kurz antrocknen lassen.

Die Wachsblumen sind mit Ruskus, Schleierkraut und kleinen perlmuttartigen Beeren kombiniert.

Die Steckbasis bildet ein 40 cm langer Stock. Zuerst wird an der oberen Spitze des Stockes mit Draht die Aufhängeöse gearbeitet. Mit Steckmasse kann er umwickelt werden.

Nun werden die Zutaten zugeschnitten: Ruskus zwischen 6 und 12 cm Länge, das Schleierkraut etwas länger. Beides wird gut verteilt in die Basis gesteckt. Sind Schleierkraut und Ruskus gesteckt, besprühen wir mit Silberspray und lassen alles gut antrocknen.

Zum Schluß setzen wir die Akzente: unsere selbstgefertigten Salzteigblüten.

Blumenkörbchen und Vergißmeinnicht-Gebinde

Das Blumenkörbchen eignet sich besonders gut als Tischschmuck. Die Blüten lassen sich passend zum Geschirr bemalen. In heißes Wachs kurz eintauchen, etwas abschütteln und antrocknen lassen. Ebenso verfährt man mit den Blättern. Eine kleine Samtschleife wird zur Zierde eingearbeitet.

Für die Vergißmeinnicht-Blüten drei gleich große Kugeln dicht nebeneinanderlegen, miteinander verspachteln und die Mitte mit einer kleinen Kugel schmücken. In den Blütenboden einen feinen Draht schieben. Blätter und Blüten nach dem Bemalen in heißes Wachs tauchen.

In Schale und Körbchen gibt Steckschaum den Halt für Blüten- und Blattstiele, die anderen sind auf den Salzteigring gesteckt.

Größere „Backwaren“

Wer gerne bäckt, wird mal einen Hefezopf oder einen Kranz „flechten“, wird eine Brezel und auch eine Figur formen, ohne sich dabei gleich als Künstler zu empfinden.
Von dieser Seite her wurden die folgenden Salzteigmodelle entwickelt, die bewußt wie übliche Backwaren angelegt sind.

Kranz mit dunkelroten Rosen
Der Kranz wird aus zwei 45 cm langen Teigrollen geformt. Beide nebeneinanderlegen und umeinander drehen. Auf eine Zeitungsunterlage legen und die Rollen an den Außenkanten flachdrücken.
Blätter: Eine walnußgroße Kugel an einer Seite spitz zurollen, auf die Platte legen, flachdrücken und ihr die Form eines Blattes geben. Mit einem Messerrücken Blattadern eindrücken. Vorsichtig anheben und auf das Kränzchen legen.
Nach dem Backen und Lackieren die Rosen (Seidenblumen) in etwas Steckmasse auf den Kranz arrangieren.

Herz mit grünen Äpfeln, 17 cm Ø
Das Herz ist aus zwei Teigbändern, je 60 cm lang, geformt. Beide Bänder nebeneinanderlegen und eindrehen. Band vorsichtig auf eine Zeitungsunterlage heben und in Herzform legen.
Die Dekoration bekommt an der Verbindungsstelle ihren Platz. Die Teigbänder laufen nach der Verbindungsstelle noch weiter und sind nach oben gebogen. Mit einem Messer sind Rillen auf der Oberkante der Bänder eingeritzt. Rosen und Blätter werden separat geformt und gebrannt. Sind alle Teile gebrannt und lackiert, kann Steckschaum aufgelegt werden. Blätter, Rosen, Äpfel und weiße Immortellen werden als Gesteck dekoriert. Die Immortellen sind mit Goldbronze übertupft. Zum Schluß wird ein Band zum Aufhängen angebunden.

Niedersachsenhaus, 28 × 16 cm

Grundplatte aus einer dünn ausgerollten Salzteigplatte ausschneiden und gleich auf's Blech legen, damit nichts mehr verschieben kann.

Ritzen Sie leicht mit einem Modellierstäbchen oder Messer die Einteilung der Balken und Fenster ein. Stimmen diese, so können Sie feine Würstchen anordnen und leicht festdrücken. Hierfür ist sehr viel Fingerspitzengefühl erforderlich. Oft geht es besser mit zwei Modellierstäbchen. Nachdem nun alle Balken und Fenster angebracht sind, wird eine entsprechend geformte Platte für die Tür aufgelegt. Ein Teigwürstchen wird als Türbogen angelegt, wie bei den Balken. Als unteren Abschluß formen Sie mit dem Modellierstäbchen rillenartig das Gras.

Für das Dach werden formgerecht geschnittene Platten aufgesetzt, in die mit einem Modellierhölzchen die Struktur von Stroh eingeritzt wird.

Backzeit ca. 1½ bis 2 Stunden.

Füllhorn, 30 cm hoch

Dieser aparte Wandschmuck ist in zwei Arbeitsgängen gefertigt. Das Füllhorn mit den Trauben und Blättern ist aus einem Stück. Rosen, Blüten, Vogel und Kranz sind separat gefertigt. Steckmasse hält auch Hirse und grüne Immortellen.

Das Füllhorn wird aus einer großen, nicht zu dünnen Teigplatte geschnitten. Mit einem Messerrücken die Linien eindrücken. Die Blätter in unterschiedliche Höhen auflegen. Einige Blätter mit Teig unterfüttern, damit sie plastischer liegen.

Die Traube wird aus vielen einzeln geformten Kugeln gebildet, welche zwischen den Handtellern rund und glatt gerollt werden. Der Teig haftet so gut, daß man sie nicht anspachteln muß. Ist die Traube groß genug und der Henkel anmodelliert, kann die Arbeit trocknen. Nach dem Backen und Lackieren können die Blüten und der Vogel in die Steckbasis gearbeitet werden.

Lustige Salzteigfiguren

Die abgebildeten Figuren (Höhe ca. 35 cm) werden aus einer ganz flach gerollten Teigplatte ausgeschnitten. Es ist praktisch, gleich auf dem leicht gefetteten Blech zu arbeiten.

Der Entwurf für die Figuren kann direkt auf den Teig gezeichnet werden. Vorher macht man einige Entwürfe auf Papier.

Ist alles zufriedenstellend ausgefallen, wird ausgeschnitten. Dabei werden für die Arme gerade Salzteigstreifen leicht eingebogen und auf den Körper gelegt.

Die Gans und den Früchtekorb arbeiten wir für beide Figuren noch extra hinzu.

Die Haarfrisuren sind aus dünnen Teigrollen aufgelegt, die Schürze des Mädchens und der Gürtel des Jungen aus Teigplatten ausgeschnitten, aufgelegt und mit Maiskörnern und Mohn verziert. Das wirkt hier besonders gut.

Den Grundteig etwas mit Wasser anfeuchten und die Sämereien fest eindrücken. Rock und Hosensaum sind mit halbierten Mandelkernen geschmückt.

Die Figuren zuerst bei geringer Wärme im Herd gut trocknen lassen. Dann mit Milch bestreichen und bei erhöhter Temperatur bräunen lassen.

Die Äpfel im Früchtekorb des Mädchens sind nach dem Trockenvorgang aufgelegt. Damit sie gut kleben, wird der Untergrund vorher mit Wasser befeuchtet.

Die Natürlichkeit des gebackenen Teigs kommt bei diesen Figuren voll zur Geltung. Auch das übrige Material – Maiskörner, Mandeln, Mohn – sind der Natur entnommen.

Äußerlich unterscheiden sie sich nicht von den Backwaren, in die wir mit Appetit hineinbeißen.

Mädchen pflückt Glockenblume

Den Kopf aus einer Kugel formen, den Teig für das Mützchen auf der Arbeitsplatte dünn auswellen. Die Hutkrempe mit dem Modellierholz etwas eindrücken.
Die Teigplatte am Kopf anlegen, den überflüssigen Teig einkürzen und auf die Rückseite biegen. Der Krempenrand wird durch ein Teigband betont.
Nun werden Körper und Rock geformt. Ein kegelförmiges Teigstück am Kopf anlegen; das obere Ende ergibt das Brustteil. Für den Rock eine große Teigrolle ausrollen und anpassen. Für einen gefälligen Faltenwurf braucht man etwas Geduld.
Aus zwei kleinen Teigstücken die Arme formen.
Ein Stückchen Teig als Wiese an die Figur ansetzen. Darauf wachsen die Glockenblumen – in die Stiele einen dünnen Draht einarbeiten.

Mädchen und Junge

Grundplatte ausrollen und die Figuren aufskizzieren – ausschneiden. Mit etwas Teig die Frisuren formen. Eine dünne Teigplatte wird die Bluse des Mädchens; eine größere Platte wird für den Rock ausgerollt.
Die Verzierungen für den Rock werden einfach mit dem Lineal gezogen, die am unteren Rand mit einem Stäbchen eingedrückt. Das Rockteil wird in Falten gelegt und in der Taille angesetzt. Der Rock kann zusätzlich mit etwas Teig unterfüttert werden.
Den Arm wieder aus einer Teigrolle formen und anlegen. Der gekräuselte Ärmel wird aus einer Teigplatte geformt.
Der Junge wird in derselben Art gefertigt. Bevor das weite Röckchen angelegt wird, muß aus einer Teigplatte das Hosenbein gefertigt werden.
Die ganze Arbeit langsam durchtrocknen lassen und bei 200° C im Ofen bräunen. Vorher mit etwas Milch bestreichen.

Die Natürlichkeit des Materials bleibt voll erhalten, wenn der Salzteig gefärbt, nicht das fertige Stück bemalt wird

Jede Salzteigarbeit kann entweder naturbelassen oder bemalt werden. Es erübrigt sich, jedesmal Beispiele für beide Lösungen zu zeigen. Wer vom Material her naturnah bleiben möchte, ohne auf Farbkontraste oder Farbigkeit zu verzichten, kann den Teig einfärben. Dann bleibt die Teigstruktur voll erhalten.

Natürliche Brauntöne werden durch Zusatz von Kaffee- oder Kakaopulver erzielt.

Apfelbaum mit Schäfer

Aus einer Teigwurst entsteht ein Stamm. Die Struktur wird mit einer Zahnbürste eingedrückt oder es werden mit einem Modellierstäbchen Rillen eingeschnitten. Aus dem unteren Ende des Stammes werden Wurzeln herausmodelliert.

Für die Baumkrone eine Kugel formen, die plattgedrückt wird. Die Platte danach als Grundform an den Stamm fügen. Darauf nach Belieben Blätter, Blüten, Obst usw. anordnen. Will man die Baumkrone noch etwas plastischer gestalten, legt man in der Mitte nochmals eine kleine, plattgedrückte Kugel auf die Grundform auf. So kann die Krone bis zu einer Halbkugel ausgebaut werden.

Besonders interessant an diesem Bild sind die Farbabstufungen in verschiedenen Brauntönen. Für Stamm und Äpfel wird kaffeegefärbter Teig verwendet. Aus dunkelbraunem Teig (Batikfarbe) entstehen teilweise Schäfer und Hund. Den Rest mit naturbelassenem Teig fertigen. In die Äpfelchen Nelken stecken.

Wie Schäfer und Schaf entstehen, wird im folgenden beschrieben.

Größe: 26 cm

Backzeit: ca. 2 Stunden

Figuren modellieren

Das Formen von Figuren fasziniert und spornt zu neuer Kreativität an. Mit dem vielseitig formbaren Material, etwas Fingerfertigkeit und ein wenig künstlerischem Können hat man viele Möglichkeiten, Vorstellungen in „Teig" umzusetzen.
Die ausführliche Beschreibung für die Fertigung von Figuren und zwar für einen Jungen und ein Mädchen, gilt im Prinzip für alle Motive mit Figuren. Es sind Grundfiguren, die durch verschiedene Größen, Kleidung, Hüte, diverse Frisuren, durch vielseitige Bewegungen und Ergänzungen mit Blumen, Körbchen, Tieren usw. abgeändert werden können. Die Figuren können direkt aufs Blech modelliert oder auf eine ausgewellte und ausgestochene Teigplatte als Bildelemente fixiert werden.

Junge
Für den *Kopf* wird eine Kugel geformt. Diese wird dann halbkugelartig auf das Blech gedrückt. Der *Körper* entsteht aus einer Teigrolle. Diese wird etwa zur Hälfte eingeschnitten. Somit wäre die Körperform schon fertig. Der Körper wird an den Kopf gelegt und etwas spitz angedrückt. So wird der Hals leicht angedeutet. Den Körper insgesamt etwas plattdrücken. Die *Arme* werden mit dünnen Rollen an den Körper gelegt und in die richtige Form gebracht. Kleine Kugeln werden zu Händen und Schuhen. Für die *Haare* wird etwas Teig aufgelegt und mit dem Modellierstäbchen zurechtgedrückt. Für Kräuselhaar wird Teig durch das Sieb gedrückt und vorsichtig aufgelegt. Zuletzt wird das Gesicht modelliert. Augen und Mund lassen sich am besten mit einem dünnen, runden Holz eindrücken.

Mädchen
Die Figur wird genauso gearbeitet, wie beim Jungen. Soll das Mädchen einen Rock bekommen, muß die Teigrolle für den Körper dünner sein, da jetzt anstelle der Hose Beine entstehen.
Für den *Rock bzw. das Kleidchen* wird aus dem Teig ein Dreieck geformt und auf den Körper gedrückt. Entweder an der Taille ansetzen oder für ein Hängerchen direkt unterhalb vom Kopf. Wenn der Rock faltiger sein soll, wird er aus einem Halbkreis gefertigt, der dann mit Hilfe von Modellierstäbchen angehoben wird. Für einen Plisseerock werden in ein abgestumpftes Dreieck dichte, tiefe Rillen eingedrückt.
Verschiedene Möglichkeiten gibt es für die Haare: *Zöpfe* entstehen dadurch, daß zuerst zwei Teilstückchen aufgelegt werden, so daß ein Mittelscheitel entsteht. Mit dem Modellierstäbchen werden Rillen eingedrückt. Dann werden zwei Teigwürstchen an den Kopf angelegt, die ebenfalls rillenartig eingedrückt werden. Die seitlichen Enden werden etwas herausmodelliert. Aus zwei ovalen Blättchen, denen in der Mitte ein Kügelchen aufgesetzt wird, entstehen Schleifchen. Bei einem *Pferdeschwänzchen* setzt man an der oberen Kopfmitte ein kleines Teigwürstchen an, das ebenfalls rillenartig eingedrückt und am äußeren Ende mit Daumen und Zeigefinger angespitzt wird. Bei einem *Dutt* wird auf die obere Kopfmitte eine kleine Kugel aufgesetzt, die mit dem Modellierstäbchen oder einer Nadel etwas aufgerauht wird. Für *lange Haare* legt man zwei größere Teilstücke an der Mitte des Kopfes an, so daß wieder ein Mittelscheitel entsteht. Mit dem Modellierstäbchen bahnt man nun feine Rillen in den Teig. Die Teigenden werden noch in die richtige Form gedrückt. Sehr einfach ist das Formen von Haaren mit Hilfe einer Knoblauchpresse. Der Teig wird durchgepreßt und mit einem Holzstäbchen an- und zurechtgedrückt.

Die Kleidung kann vielseitig ergänzt werden mit Schürzchen, Volants, Rüschchen, Taschen, weitfallenden Ärmeln, kurzen Ärmeln, Puff-Ärmelchen, Kopftüchern, Mieder, verschiedenen Kragen. Die Puffärmelchen gestaltet man aus kleinen Kugeln, die auf den Oberarm gelegt und mit dem Modellierstäbchen mit kleinen Falten versehen werden. Die Kleidung wird in Form von ausgewelltem Teig auf den Körper gelegt, vorher etwas zurechtgeschnitten, dann fertigmodelliert und angedrückt. Rüschchen und Volants werden in schmalen Streifen gerafft aufgelegt. Ansonsten die Teigstücke so auflegen, als ob eine Puppe angezogen wird.

Für den *Hut* wird eine halbrunde Platte aus Teig auf dem Kopf mit geschwungenen Konturen zurechtgelegt. Nach gelungener Fertigstellung wird dann eine kleine Kugel daraufgedrückt. Die Ansatzpunkte können mit einem glatten oder geschwungenen Band verziert werden, das auch noch lustig über den Hutrand hinausflattern darf. Der Hut sieht flotter aus, wenn die Hutkrempe unregelmäßig an verschiedenen Stellen hochgedrückt wird.

Aparte Figuren in Natur- und Brauntönen

Wer dezente Farben vorzieht, hat auch bei den Figuren die Möglichkeit, sich nur in hellen und verschiedenen Brauntönen auszudrücken.

Das *Katzenmädchen* hält ein dunkles Kätzchen auf dem Arm, ein helles schmiegt sich an die Beine. Auch hier werden Konturen durch helle und dunkle Teigwürstchen am Schürzchen und am Rocksaum angebracht. Eine dunkle Halskrause hebt das naive Gesichtchen besonders hervor. Ein flatterndes Schürzenband liegt auf dem dunklen Röckchen.
Größe: 16 cm (Abb. Seite 35)

Da sich ein Stock nicht exakt modellieren läßt, geben wir dem *Geiger* ein Stück Zahnstocher in die Hand. Die Jacke wird mit feinen Streifen eingefaßt. Aus der Hosentasche schaut ein Tüchlein heraus.

Für den *Jungen und das Mädchen* werden die Anleitungen für die Grundfiguren zugrundegelegt. Die Haare des Mädchens werden mit der Knoblauchpresse erstellt. Schleifchen und und Ränder an dem eingefaßten Jäckchen entstehen durch schmale Teigwürstchen. Der Junge bekommt Kräuselhaare mit Hilfe eines Siebes. Für die Schildmütze wird zuerst eine flache Scheibe auf den Kopf gedrückt, dann eine Kugel etwas plattgedrückt und daraufgesetzt. Der Kopf wird seitwärts gedreht. Das ergibt einen nekkischen Gesichtsausdruck.
Größe: 15 cm

Bei den *Kindern im Leiterwagen* werden zuerst die sitzenden Figuren modelliert, dann der Leiterwagen. Zum Schluß wird dem Mädchen noch eine kleine Puppe in die Hand gedrückt.
Größe: 11 cm

Das fröhlich hüpfende *Blumenmädchen* erhielt einen ausdrucksvollen Hut. Am Schürzenende und am Rocksaum werden Rüschchen und Volants angesetzt. Das Schürzchen wird noch mit einer aufgesetzten Tasche verziert, aus der ein kleines Tüchlein hängt.
Größe: 16 cm
Backzeit: ca. 1½ Stunden

Es gibt nicht nur weiße und schwarze Schafe . . .

Der Umhang des *Schäfers* entstand aus zwei großen Teigplatten. Der Bart sowie die Haare werden durch ein Sieb gedrückt und vorsichtig angelegt. Der große Stock, eine Teigwurst, könnte durch ein echtes kleines Ästchen ersetzt werden. Für einen guten Kontrast sorgen die großen braunen Manteltaschen. Der Hut entsteht aus einem Dreieck, das mit zwei hellen Teigwürstchen verziert wird.
Größe: 23 cm
Backzeit:
ca. 1½ Stunden

Für die *Schäfchen* werden einmal eine längliche ovale Platte geformt, an die eine kleine Kugel angesetzt wird. Diese wird mit Daumen und Zeigefinger am „Schnäuzchen" etwas zusammengedrückt. Aus vier feinen Teigröllchen werden Beine angesetzt. Mit ovalen Plättchen werden die Ohren und mit einem kleinen Würstchen das Schwänzchen modelliert. Nun wird mit der Knoblauchpresse die Wolle daraufgedrückt und mit einem feinen Hölzchen zurechtgelegt. Wie Sie sehen, gibt es helle Schafe, dunkle und melierte!
Größen: 5-7 cm
Backzeit: ca. ¾ Stunde

Für dieses *Puppenmädchen* wird eine sitzende Figur modelliert. Der Rock aus einer längeren und kürzeren Teigplatte, deren Saum mit einem hellen Teigwürstchen hervorgehoben wird. Das Püppchen wird ihr liebevoll in die Arme gelegt.
Größe: 11 cm

Harmonische Pärchen

Einen Hauch von Romantik zaubern diese anmutigen Pärchen.

Für das *Pärchen im ovalen Ring* wird eine Teigwurst oval auf das Blech gelegt und etwas plattgedrückt (Größe 22/30 cm ∅). Nun wird das Pärchen nach den Angaben für die Grundform gefertigt und entsprechend den Details abgewandelt. Der Rock wird aus einer halbkreisförmigen Platte ausgewellt, die Falten mit den Modellierstäbchen angehoben, der Rocksaum mit Rüschchen verziert. Die Haare formen Sie mit einer Knoblauchpresse. Der junge Liebhaber erhält Kräuselhaare (Sieb). Die Jackenränder werden mit hellen Teigwürstchen eingefaßt. Aus der aufgesetzten Tasche „spickt" ein Taschentüchlein.
Ist die Fertigstellung des Pärchens gelungen, kann der Ring mit Blumen und Blättern ausgeschmückt werden. Hier kann wie bei der Beschreibung für Kränze vorgegangen werden. Da der vorbereitete Ring in der Zwischenzeit sicherlich abgetrocknet ist, muß wieder mit den Fingerspitzen oder mit dem Pinsel leicht angefeuchtet werden. Das untere Ende des Ringes wird mit feinem Gras vervollständigt (Sieb).
Backzeit ca. 3-4 Stunden

Das *„liebliche Herzchen"* wird ähnlich hergestellt. Eine Teigwurst wird herzförmig auf's Blech gelegt. Es kann hierfür eine Schablone angefertigt werden oder es wird ein großes Ausstechherz in die Mitte gelegt. Die Teigwurst wird rundherum angelegt und die Schablone bzw. Form entfernt. Anschlußstellen verstreichen. Das Pärchen entsteht wieder nach der Grundform und wird in das Herz gesetzt, mit Rüschchen, Hut usw. ergänzt. Danach wird die Ausschmückung vorgenommen. Die Spitze des Herzens wird mit Gras ausgefüllt (Sieb).
Größe: 20 × 22 cm
Backzeit: ca. 3 Stunden

Sie, liebe Leserin und lieber Leser, haben längst bemerkt, daß sich die unterschiedliche künstlerische Auffassung der am Buch beteiligten Künstler nicht verleugnen läßt. Das ist sicher gut so. Und Sie werden sich mal an dem einen, mal an einem anderen Vorbild orientieren.

Hier nun haben Iris Buresch und Heide Psotka ihre Puppen aus naturgefärbtem Salzteig modelliert, aber sie verzichten nicht darauf, die Gesichter auszumalen. Das ergibt eine interessante Variante.

Sie schreiben hierzu:
Zum Einfärben eignet sich am besten entölter Kakao. Je nach Menge erreichen Sie dunklere oder hellere Brauntöne. Besondere Effekte erzielen Sie durch eingedrückte Muster in Schürzen oder durch aneinandergelegte dunkle und helle Teigstreifen bei Röcken. Auch verschiedene Brauntöne, innerhalb einer Puppe verwendet, ergeben interessante Variationsmöglichkeiten.

Wie gefallen Ihnen die Marktfrau und das Blumenmädchen? Mit viel Akribie erhielt die Marktfrau einen gestreiften Rock.

An dieser Stelle möchten wir auf die Herstellung der Figuren noch nicht eingehen. Es sollte nur demonstriert werden, was das Einfärben von Salzteig bringen kann. (Schritt-für-Schritt-Anleitung zur Herstellung dieser Figuren ab Seite 62.)

Salzteig, eingefärbt in vielen Farben

Viele Salzteigfreunde arbeiten gern mit eingefärbtem Salzteig. Hier nun Beispiele in fröhlicher Buntheit. Das Einfärben in so vielen Farben setzt natürlich voraus, daß fleißig modelliert wird, und daß der Bedarf in den Farben einigermaßen gut vorausgeschätzt wird.

Runde Teigbilder
ca. 16 cm ∅
Das Prinzip der Herstellung dieser Blümchen ist bekannt. Diese feinen vielfältigen Arrangements sind nur mit gefärbtem Salzteig möglich. Eine genauere Anleitung kann hier wohl unterbleiben. Sie sehen, daß auch die Grundplatte aus eingefärbtem Material bestehen kann. Die kleinen „Männer" erhielten nach dem Backen noch kleine Verzierungen mit dem Pinsel.

Landschaftsbilder
aus gefärbtem Salzteig
Größe: 12 × 12 cm
Diese Landschaftsbilder wurden auf Salzteig-Grundplatten aufgebaut. Hausdächer und Baumstämme wurden mit Modellierstäbchen bearbeitet, für Baumkronen und Wiesen war ein Sieb hilfreich.
Backzeit: ca. 1½ Stunden

Rosen, Rosen, Rosen . . .

Die Königin unter den Blumen spielt auch beim Gestalten mit Salzteig eine bedeutende Rolle.
Es gibt zwei Möglichkeiten, sie zu fertigen. Zum einen aus einer Teigrolle, die gewickelt wird, zum anderen aus einzelnen Salzteigblättchen.
Hier zunächst die einfachere Version:

Bild rechts:
Der Rahmenrohling wird zuerst mit mahagonifarbener Holzbeize, danach mit Patina bearbeitet.

Rosen aus einer Teigrolle
Zwischen Arbeitsplatte und Fingerspitzen Teigrollen in einer Länge von 6 bis 12 cm ausrollen und mit den Fingern flachdrücken. Den Teig mit einem Messer von der Arbeitsplatte lösen und mit den Händen das Teigband einrollen. Darauf achten, daß in der Mitte eng und nach außen hin lockerer gerollt wird. Am Blütenboden kann etwas Teig abgenommen und ein Draht, mit einer kleinen Öse versehen, eingeführt werden.

Und hier die Rose anderer Art:
Die Hälfte eines Minikörbchens aus Weidengeflecht (ca. 4 cm ∅) wird mit Steckknet fest ausgefüllt und auf den vorbereiteten Bilderrahmen geklebt. Angedrahtete Röschen und Statice werden jetzt nach Belieben ins Körbchen gesteckt. Nun können Sie Ihr Werk noch mit Gold veredeln.
Kleben Sie zum Aufhängen des Kunstwerkes auf der Rückseite einen stabilen Plakataufhänger mit Pattex fest.

Bild unten:
Die wesentlichste Änderung besteht darin, daß Rosen und Blätter direkt auf eine Halbkugel aus Steckknet oder Styropor gearbeitet werden.

Hochzeitskörbchen

Ein solches weißes Körbchen, mit über 30 roten Rosen und weißem Tüllband geschmückt, ist ein ausgefallenes Hochzeitsgeschenk. Das Körbchen ist mit Steckschaum gefüllt, und als Untergrund wird etwas weiße Statice hineingesteckt.
Wie die Rosen geformt werden, ist oben gesagt.

Weiße Blüten: Drei kleine gleich große Kugeln im Kreis nebeneinanderlegen und etwas flachdrücken. Mit einem Modellierholz in jedes Blütenblatt eine kleine Rille als Blütenmitte auflegen. Die kleinen Blüten auf Zeitungspapier antrocknen lassen, dann wenden und von unten einen feinen Draht hineinstecken. Nach dem Trocknen und Bemalen vier bis fünf Blüten doldenartig zusammenfassen und um einen Steckdraht binden. Beidseitig zwei Seidenblumen-Blätter anlegen und den Stiel mit Kreppwickelband versäubern.
Die Rosenstiele ebenfalls umwickeln und fortlaufend von oben nach unten einige Blätter mit einbinden.
Nun die Blüten locker im Körbchen arrangieren. Der Untergrund wird mit zarten Tüllschleifen verziert.

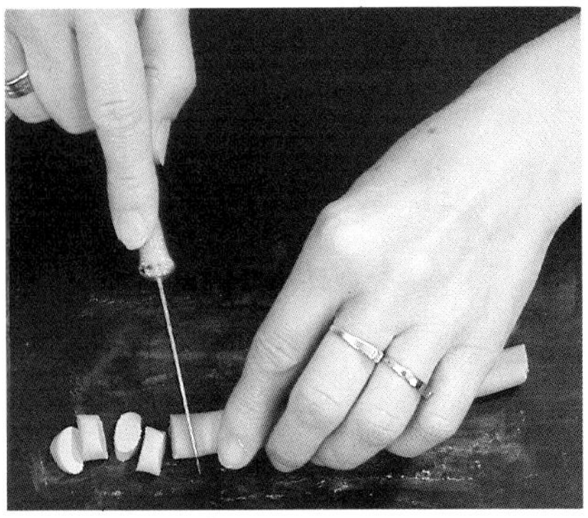
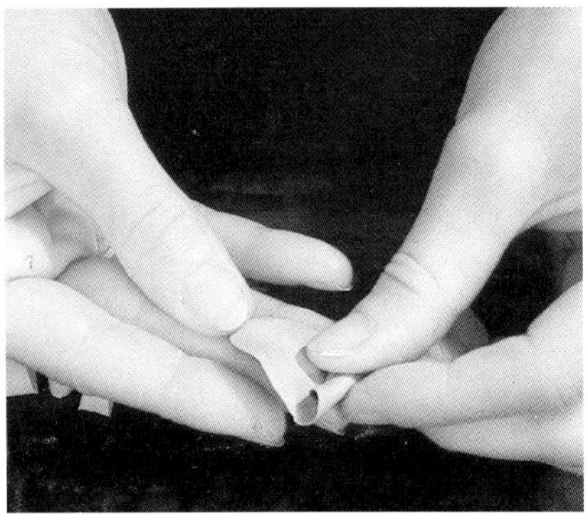

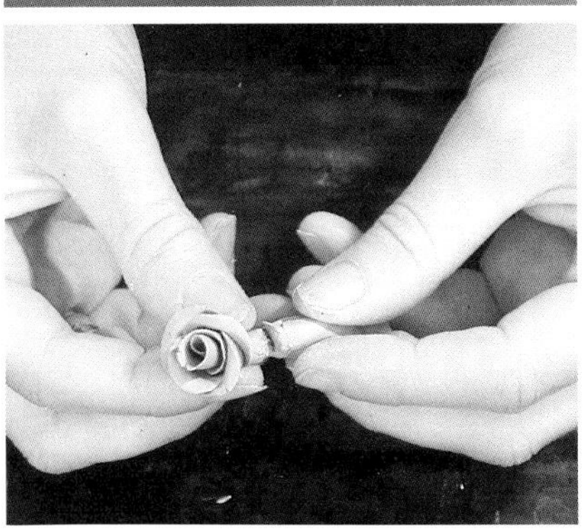
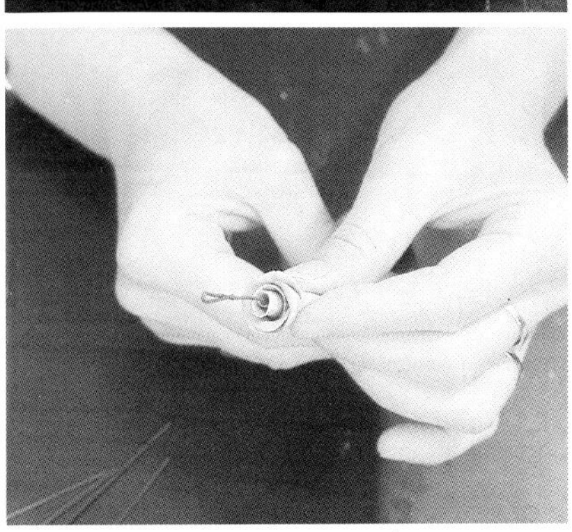

Wie entstehen diese Röschen?
Rollen Sie eine gleichmäßig 5-10 mm dicke Wurst und schneiden Sie ca. 8 Stückchen ab, die ungefähr 2 mm schmal sind. Für das Mittelteil benötigen Sie ein doppelt so breites Scheibchen.
Mit diesem Mittelteil beginnen Sie. Drücken Sie es zwischen Daumen und Zeigefinger zu einem dünnen Rechteck und rollen Sie es von der Schmalseite her auf.
Nun werden auch die restlichen Blättchen sehr fein plattgedrückt. Wichtig ist, daß der äußere Rand besonders dünn wird, um so duftiger und zarter wird nachher das Röschen.
Die Blättchen werden rund um das Mittelteil versetzt angeordnet. Ein Blättchen überlappt immer den Rand des anderen. Durch das Festdrücken der Blütenblättchen wird der Kelch immer länger. Sie können den überflüssigen Teig abnehmen, aber achten Sie darauf, daß noch genügend zum Befestigen des Röschens übrigbleibt.
Für *Rosenbäumchen, Körbchen* und *Rosenbild* müssen Sie die Rosen andrahten.
Modellieren Sie die Röschen wie beschrieben. Schneiden Sie sich dann die Anzahl Ihrer benötigten Drähte (Blumenbindedraht) zurecht und biegen Sie an einem Drahtende mit der Zange eine Öse. Einen dieser vorbereiteten Drähte tauchen Sie in aufgelösten Tapetenkleister und schieben ihn von oben her durch die vorbereitete Rose.
Damit sich Ihre zarten Rosenblättchen nicht verformen, stecken Sie die Röschen mit dem Drahtstiel zum Vortrocknen in einen Steckknet. Gehärtet werden sie dann ohne diesen Knet ca. 20 Minuten im Backofen.
Nach dem Härten können Sie die Röschen bemalen, in Farbe oder Lack tauchen. Lassen Sie die frisch eingetauchten Röschen gut abtropfen und korrigieren Sie den Farbauftrag mit einem Pinsel. Beim Tauchvorgang muß zügig gearbeitet werden, damit die dünnen Blättchen nicht aufweichen. Aus diesem Grunde sollten sie auch nicht vor dem völligen Trocknen der Farbe oder Glasur berührt werden. Die Röschen für den Kugelbaum und für das stehende Körbchen werden in Keramigloss getaucht. Nach dem Trocknen stabilisiert die Glasur zusätzlich die zarten Rosenblättchen.

Kleine Rosenkörbchen

Körbchen oben
Die zarte Bemalung der Röschen wird mit Wasserfarben oder Kerapaint vorgenommen. Bei Acrylfarben würde der Farbton kräftiger sein. Das Körbchen bleibt unbemalt. Um die Röschen antik wirken zu lassen, habe ich sie, wie auch das Körbchen, mit vermischter Patina überpinselt. Letzteres wurde danach mit sehr feiner Stahlwolle abgerieben. Dadurch erscheinen die erhabenen Stellen hell, die Tiefe zeichnet sich dunkel ab. Auch an den Rosenblättern kann die Patina mit einem weichen Lappen vorsichtig abgerieben werden. Abschließend wird das ganze Körbchen mit Seidenglanzlack überzogen.
Höhe des Körbchens: 10 cm

Körbchen rechts:
Hier wird mit Patina und Gold gearbeitet. Die Röschen habe ich mit einer dunklen, das Körbchen dagegen mit einer helleren Patinamischung angemalt. Die Blättchen bleiben unbemalt. Zum Schluß wird wieder alles mit Seidenglanzlack überpinselt.
Stäuben Sie noch im feuchten Zustand des Lacks etwas Bronzierpulver „dukatengold" über die Blütenblätter und das Körbchen oder pinseln Sie ganz gezielt die Ränder der Röschen damit ein.
Nicht ganz so zart, wirkt der Goldauftrag mit Wischmetall oder Ziermetallpaste „gold". Nach dem Abtrocknen des Lacks etwas Paste auf die Fingerkuppe oder auf einen weichen Lappen drücken und auf der gewünschten Stelle verreiben.
Höhe des Körbchens: 13 cm

Körbchen links
Nicht weniger reizvoll wirkt das schlichte, völlig naturbelassene Körbchen, das nur mit einem Seidenglanzlack bepinselt wurde.
Höhe des Körbchens: 11 cm

Zum 70. Geburtstag ein Korb mit 70 Rosen

Gudrun Hettinger arbeitete diesen dauerhaften Rosenkorb zum 70. Geburtstag ihres Vaters. Natürlich war schon allein das Modellieren der vielen Rosen sehr zeitaufwendig. Am problematischsten aber war das Zählen: Es sollten ja auf jeden Fall exakt 70 Blüten sein! Und sie durften nicht in Reih und Glied angeordnet werden. Aus ihrer Erfahrung empfiehlt die Künstlerin, in solchen Fällen von Anfang an eine Zählliste zu führen.

Bei der Herstellung des Korbes beginnen Sie mit dem unteren Teil. Schneiden Sie eine entsprechende Teigplatte aus und drücken Sie die Längsrillen und dann die vielen feinen Querrillen mit einem Modellierstäbchen ein. Für den Henkel und für den Korbboden drücken Sie jeweils zwei umeinandergeschlungene Würstchen an. Die Ansatzstellen des Henkels am Korb müssen stabilisiert werden. Legen Sie deshalb hier jeweils eine kleine Teigkugel auf, die Sie dann gut verstreichen.
Nun wird ein Röschen nach dem anderen modelliert und auf dem Korb festgedrückt. Es ist hier auf alle Fälle angebracht, sofern Sie den gebrauchsfertigen Teig verwenden, den Grund immer wieder flächenweise mit Kleister einzupinseln.
Für die Jubiläumszahl werden feine Würstchen auf ein ausgewelltes, zurechtgeschnittenes Plättchen gelegt. Umrahmen Sie das Ganze mit einem schwungvollen Band.
Korb und Röschen wirken noch kostbarer, wenn Sie auch hier vergolden.
Größe: 27 cm

Rosenbäumchen

Benötigt werden:
1 Steckschaumkugel, ca. 7 cm Ø
1 kleiner Ast einer Korkenzieherhasel oder ein Holzstab
ca. 30 g Islandmoos
ca. 2 Staticenzweige
ca. 30 Strohblumennadeln
ca. 30 modellierte und angedrahtete Rosen
Blumensteckknet
Rhabarberblatt zum Abdrücken

Anstelle des üblichen Töpfchens lassen Sie das Bäumchen aus einem salzteiggeformten Rhabarberblatt herauswachsen. Als innere Stütze wird ein ganz einfaches Gefäß aus Teig, bestehend aus einer runden Grundplatte von ca. 4-5cm und einem breiten Streifen in Höhe von ca. 3cm, angefertigt. Umwickeln Sie mit dem Streifen die Grundplatte und verstreichen Sie die Ansatzstellen. Nun wird ein Rhabarberblatt in ein Stück ausgewellten Teig gedrückt. Drehen Sie das Teigblatt um und stellen Sie das Körbchen mitten darauf. Die Blattränder werden hochgeschlagen und angedrückt. Auch hier arbeiten Sie am besten mit Kleister. Bevor Sie das Blattgefäß im Ofen backen, überprüfen Sie, ob im Inneren später genügend Platz für die Steckmasse zur Befestigung des Stammes sein wird. Nach dem Härten wird das Gefäß mit Keramigloss, das sofort teilweise wieder abgewischt wird, bearbeitet. So setzt sich die Glasur in den Adern ab, die Oberfläche bleibt jedoch hell.
Wenn Sie statt dessen eine matte Wirkung erzielen wollen, bemalen Sie das Blatt mit Kerapaint oder mit Wasserfarben und reiben es mit feiner Stahlwolle vorsichtig an den erhabenen Stellen wieder ab.

Beginnen Sie jetzt mit der Kugel bzw. Baumkrone. Verteilen Sie das Islandmoos gleichmäßig auf der Steckschaumkugel und fixieren Sie dies mit Strohblumennadeln. Lassen Sie dabei das bereits in der Kugel vorhandene Loch frei, indem Sie ein Hölzchen oder einen Bleistift hineinstekken. Dies erspart Ihnen nachher langes Suchen bei der Verbindung von Kugel und Stamm. Verteilen Sie die Röschen gleichmäßig auf der Kugel. Anschließend stecken Sie noch nach Belieben Staticezweige hinein. Kleben Sie das obere Stammende in die Kugel ein. Nun wird das Bäumchen in die mit Steckknet ausgefüllte Rhabarberblattschale gesteckt. Die Steckmasse abschließend mit etwas Islandmoos kaschieren. Sie können das Gefäß zusätzlich mit Röschen oder Statice schmücken. Zur weiteren Verzierung werden weiße Vögelchen am Stamm festgeklebt. Diese wurden aus Salzteig modelliert und nach dem Härten mit Keramigloss weiß bemalt. Sie erhalten dadurch ein porzellanähnliches Aussehen.
Auch das abgebildete *Körbchen* wird mit Steckknet ausgefüllt, dadurch erhält es Gewicht und kippt nicht so schnell um. Ausgeschmückt wurde es mit modellierten, angedrahteten Röschen und Staticezweigen.

Geschenkanhänger, Türschilder, Minibildchen

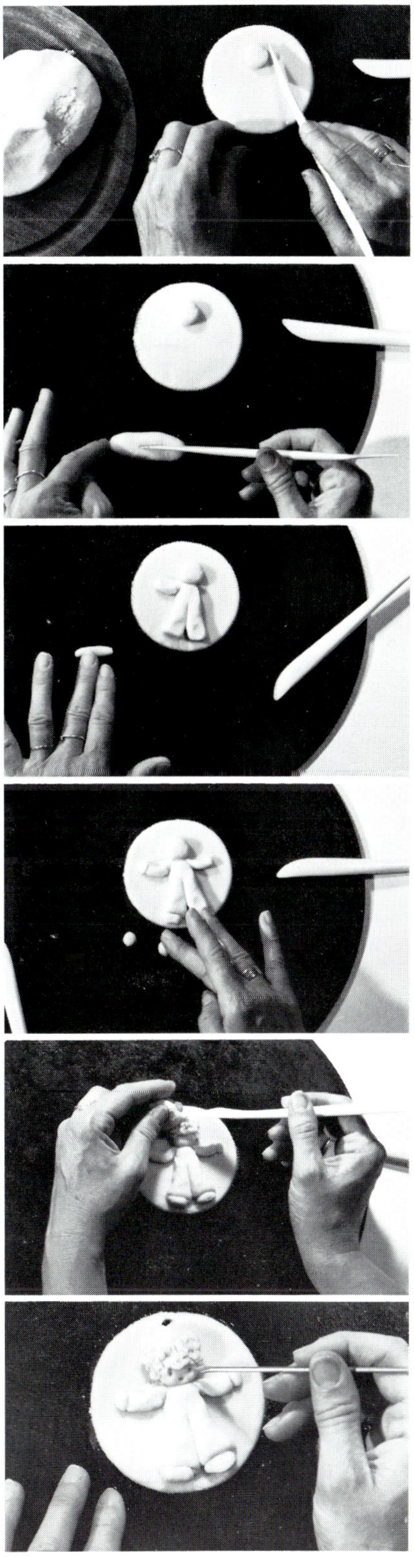

Man sollte bevorzugt Dinge arbeiten, die neben dem dekorativen auch einen Gebrauchsnutzen haben.
Darum sind die kleinen runden Bildchen, die hier vorgestellt werden, so beliebt.

Wie hübsch ist es doch, das Bad, die Toilette, das Schlafzimmer, Kinderzimmer und die Werkstatt mit solchen Türschildern zu kennzeichnen.
Den Christbaum und die Weihnachtsgeschenke kann man mit solchen Anhängern verzieren.

Die Herstellung dieser einfachen Bildchen soll hier kurz erläutert werden. Zum Teil sind selbstverständlich die Modelliererfahrungen von Seite 35 zu verwerten.

Für die Grundplatte wellen wir den Salzteig etwa 5 mm dick aus und stechen dann, z.B. mit einer Glasschale, die Grundform mit einem Durchmesser von 9 cm aus. Diese Platte legen wir auf ein leicht gefettetes Backblech, damit sie ihre Form behält. Jetzt beginnen wir mit dem Modellieren.

Die Abbildungen veranschaulichen Schritt für Schritt den Ablauf:

1. Zuerst legen wir für den Kopf eine Kugel mit 1 cm ∅ auf die Grundplatte und drücken sie etwas platt.
2. Danach formen wir eine Rolle mit ca. 1½ cm ∅, auf der einen Seite etwas weniger. Nun wird diese Rolle leicht flachgedrückt und in der Mitte an der breiteren Seite zur Hälfte eingeschnitten. Somit haben wir schon den Körper. Diesen legen wir ebenfalls auf die Grundplatte und bringen die Beine in die richtige Stellung. Alles wird wieder ganz leicht angedrückt.
3. Für die Arme machen wir dünnere Rollen. Diese werden ebenfalls an den Körper gelegt und festgedrückt.
4. Aus kleinen Kugeln entstehen Hände und Füße.
5. Nun werden die Haare gefertigt. Dazu drücken wir mit dem Modellierstab sehr kleine Teigstücke fest.
6. Zuletzt wird das Gesicht modelliert. Augen und Mund lassen sich am besten mit einem Schaschlikspieß oder einem runden Stahl bzw. Holz eindrücken.

Damit Sie Ihre Bilder nachher auch aufhängen können, stechen Sie ein Loch am oberen Rand ein (Schaschlikspieß).
Sie können das Loch auch weglassen und zum Schluß einen Bildaufhänger ankleben.

Für das Hochzeitspärchen fertigen Sie für die Grundplatte eine ovale Schablone an, schneiden den Teig aus und legen die Form auf's Blech. Das Bild bekommt eine Teigwurst als Rahmen. Der Rand wurde mit einem Trinkhalm dekorativ eingestochen.

Um ein schönes Spitzenkleid zu erhalten, wurde auf dem ausgewellten Teig ein Spitzendeckchen aufgelegt und mit dem Wellholz das Muster eingedrückt. Der Rock wird aus einer halben, runden Platte gefertigt. Diese legen Sie in Falten auf den Körper. Der Schleier entsteht ebenfalls aus dünn ausgewelltem Teig, der faltig angeordnet wird.

Größe: 19 × 30 cm

Dekorative Säckchen

Diese Säckchen finden bestimmt viel Anklang: der glücksbringende Pfennigbaum, der Getreidesack und ganz sicher auch das Sparsäckchen. Wollen Sie ein Geldgeschenk mal originell übergeben, können Sie die Pfennige auch durch 5-Mark-Stücke ersetzen. Die Herstellung dieser Säckchen ist denkbar einfach. Schneiden Sie aus einer ausgewellten ½cm dünnen Teigplatte eine Scheibe und ein rechteckiges Band 9 × 30cm zu. Wünschen Sie eine Struktur wie bei dem abgebildeten Getreidesack, so müssen Sie Ihren Teig vor dem Zusammenfügen zum Beutel auf einem Sack- oder Jutestoff oder einem Stück Textiltapete abdrücken.
Nun rollen Sie eine ½-1cm dicke Wurst, die zur Stabilisierung des Säckchens auf den Rand der Bodenplatte gelegt wird. Nachden Sie diese verbunden haben, kann das vorbereitete Rechteck von außen fest angedrückt und sauber verstrichen werden. Ist das Säckchen nun so weit fertig, nehmen Sie beide Hände und drücken Sie es am oberen Ende vorsichtig zusammen. Überlegen Sie jetzt, je nach Verwendungszweck, wie groß die Öffnung werden muß. Das Pfennigsäckchen habe ich enger als das Getreidesäckchen zusammengedrückt. Bei dem Sparsäckchen müssen Sie die Größe der Öffnung auf die Münzgröße abstimmen. Die Sackränder werden fein ausmodelliert und in die gewünschte Form gebogen. Abschließend werden die Säckchen noch mit einem ausgerollten Würstchen lose zusammengebunden.

Fertigstellung nach dem Härten:

Die Schlichtheit und Natürlichkeit des *Getreidesäckchens* wird mit der Bearbeitung von Patina unterstrichen. Diese wird dann wieder mit etwas Stahlwolle abgerieben. Zum Schluß können Sie es noch lackieren. Als Steckbasis schneiden Sie sich aus einer Trockensteckmasse ein passendes Stück zurecht und ordnen dann in gefälliger Form Getreide, Mohnkapseln und Statice an.

Der Pfennigbaum wirkt schon etwas kostbarer. Hier wird Keramigloss zwei- bis dreimal aufgetragen, Goldbronzierpulver „dukatengold" vorsichtig im noch feuchten Zustand der Glasur darübergestäubt und auch die Ränder und die Kordel werden auf einen Korkenzieherhaselnußzweig mit Hilfe der Pattex-Klebepistole befestigt.
Die letzte Ausschmückung erfolgt mit Silberblättchen.

Das Sparsäckchen wurde nicht bemalt, sondern nur lackiert. Wenn es geleert werden soll, muß es leider zerschlagen werden. Sollten Sie jedoch eine ausgediente Spardose haben, können Sie den Deckel mit Schloß im Sackboden einmodellieren.

Landschaftsbilder patiniert

Schon an anderer Stelle wurde angesprochen, daß es viele Möglichkeiten der Farbgebung von Salzteigbildern gibt. Der Wunsch, den natürlichen Charakter und den Farbton des Materials zu erhalten, ist weit verbreitet.
Bräunungen, die durch das Backen entstehen, sind häufig willkommen. Bei Verwendung des käuflichen „Fertig-Salzteigs" treten diese Veränderungen nicht ein. Bei Einfärbungen mit Buntfarben ist dies von Vorteil, ungefärbte Stücke wirken aber leicht etwas blaß.
Hier ist das Patinieren angebracht, das wir auf diesen Seiten, zugleich mit dem Thema „Landschaftsbilder" behandeln.

Dorf im Süden

Heimsheimer Stadtansicht

Doch zunächst zu den Motiven:
Als Vorlagen zu solchen Bildern eignen sich sehr gut Kalenderblätter, Ansichtskarten und ähnliche Abbildungen. Gudrun Hettinger brachte das Heimsheimer Gemeindeblatt auf die Idee, daß das heimatliche Schloß und der Schleglerkasten es wert wären, auf diese Art und Weise nachgebildet zu werden.
Die fertigen Werke können Sie dann, je nach Geschmack, in einen Rahmen geben. Entweder lassen Sie sich hierfür einen Rahmen genau anfertigen oder Sie greifen auf bereits fertige Rahmen, die auch mit einem Hintergrund aus Kork und Jute zu erhalten sind, zurück (Blumensteckrahmen). Wollen Sie jedoch Ihren Hintergrund selbst wirkungsvoll gestalten, hilft Ihnen dabei farbiges, auf Ihr Motiv abgestimmtes Tonpapier.

Das Bearbeiten mit Patina

Bevorzugen Sie die natürlichen Brauntöne, dann gefällt Ihnen mit Sicherheit die einfache, jedoch wirkungsvolle Technik mit der unterschiedlichen Dunkel- und Hellpatinierung. Hier wird Patinaöl mit Patinapaste umbra gemischt. Je nach gewünschter Intensität des Brauntons geben Sie mehr oder weniger Paste zu. Das Teil wird nach dem Patinaauftrag teilweise wieder mit sehr feiner Stahlwolle abgeschliffen. Ganz bewußt können bestimmte Teile mehr oder weniger intensiv bearbeitet werden. Die erhabenen, helleren Stellen stechen dann gegenüber den tiefer liegenden, dunkleren Stellen hervor. Nach dem Abschleifen und dem Antrocknen der Patina werden die Schleifreste der Stahlwolle, die sich besonders in den Vertiefungen der Formteile festgesetzt haben, mit einem weichen Pinsel oder einer Bürste vorsichtig entfernt. Intensivere Farben erreichen Sie durch das Auftragen von Klarlack „Seidenglanz" oder „Seidenmatt".

Schritt-für-Schritt-Anleitung „Heimsheimer Stadtansicht"

1. Wellen Sie zwischen Zeitungspapier zuerst eine Platte aus und schneiden Sie mit einer Schablone die Grundform zu. Überlegen Sie sich genau, in welchen Rahmen das Bild zum Schluß eingepaßt werden soll, denn davon ist die Größe der Grundplatte abhängig. Begradigen Sie den Rand mit der Fingerkuppe und heben Sie die Platte vorsichtig auf ein Backblech.

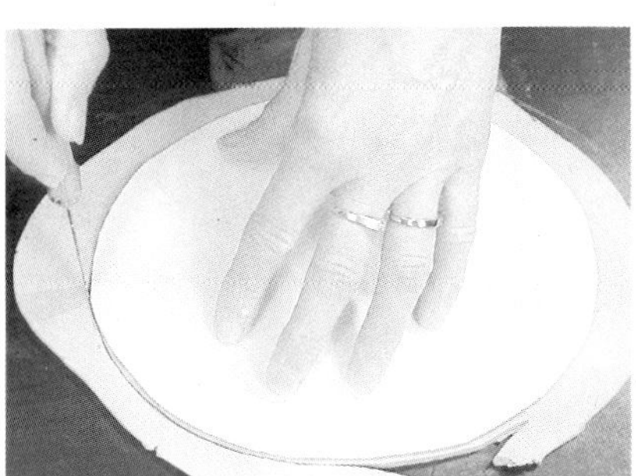

2. Ordnen Sie grob die Formen der Häuser an, indem Sie ausgeschnittene Recht- und Dreiecke von unten nach oben, gemäß Ihrer Vorlage, anbringen.

3. Jetzt werden die Häuser aufgebaut, Stück für Stück ergänzt. Sie wirken schon sehr plastisch.

4. Wenn die Oberfläche leicht gehärtet ist, lassen sich am besten die Fenster, Türen und Ziegel mit einem spitzen Messer, Strohhalmen oder Modellierstäbchen einritzen bzw. eindrücken.

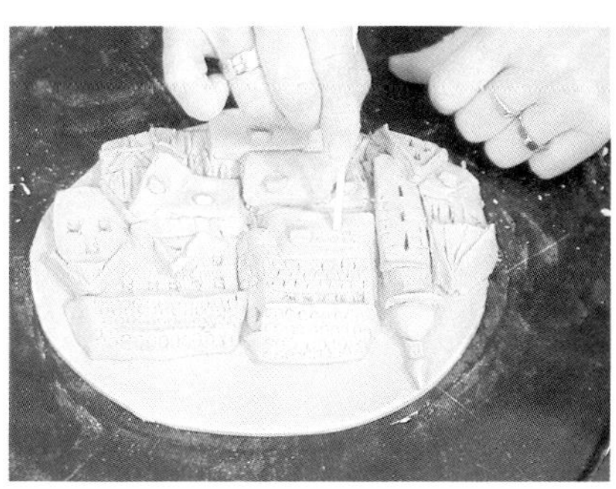

5. Die Lücken können Sie nun mit Bäumen und Büschen ausfüllen. Diese entstehen entweder aus einer kleinen Kugel oder aus Würstchen, die Sie dann mit dem Modellierstäbchen einritzen. Sie können den Teig auch durch ein Sieb drücken. Die gekräuselte Masse wird vorsichtig mit dem Messer oder Modellierstäbchen vom Sieb abgenommen und angeordnet.

6. Nach dem Härten bearbeiten Sie Ihr Bild mit der beschriebenen Patinatechnik. Hierbei ist noch besonders zu erwähnen, daß die ganz hellen Stellen überhaupt nicht, weder mit Lack noch mit Patinaöl, behandelt werden, wie z.B. rechts oben im Bild das Schloß. Der nächste Helligkeitsgrad wird nur durch die Lackierung, also auch ohne Patina, erreicht. Mit der gemischten Patina werden Dächer, Fenster und Bäume behandelt. Licht- und Schatteneffekte erzielen Sie durch Abreiben mit feiner Stahlwolle.

Nach dem völligen Abtrocknen der Patina wird Ihr Bild mit Seidenglanz- oder Seidenmattlack bepinselt. Beachten Sie, daß die ganz hellen Stellen nicht mitbehandelt werden sollten.

Jetzt können Sie Ihr fertiges Werk im vorbereiteten Rahmen mit Pritt Alleskleber befestigen.
Rahmengröße: 27 × 28 cm
Bildgröße: 20 × 14 cm

Miniaturlandschaften

Bei allen selbstmodellierten Arbeiten ist daran zu denken, wo sie ihren Platz finden sollen. Noch besser: welche Aufgabe sie übernehmen können.

In den meisten Wohnungen gibt es Fensterbänke, auf denen Blumen, Grünpflanzen und Kakteen gepflegt werden. Dieser Fensterschmuck ist ein wesentlicher Teil des individuellen Wohnens.

Heute gibt es zudem Minipflanzen, die viele Liebhaber finden. Es bietet sich an, mit Minipflanzen und Salzteighäusern Landschaften und Orte zu gestalten, wobei die einzelnen Stücke eine natürliche Verbindung eingehen.

Wenn Sie hierbei die Ableger Ihrer eigenen Kakteen einsetzen, werden Sie öfter einmal umstellen müssen (und dürfen!), weil Straßenzüge und Häuser bald überwuchert werden.

Die Arbeitsweise ist bei den beiden abgebildeten Miniaturlandschaften ähnlich:

Suchen Sie sich zuerst eine passende Schale aus. Sehr gut eignen sich flache Tonschalen mit einem kleinen Rand. Billiger, aber auch verwendbar, sind einfache Blumentopfuntersetzer. Mit großen Kieselsteinen und Pflanzen gestalten Sie in groben Zügen nach Ihrer Vorstellung Ihre Landschaft.

Nun beginnen Sie mit dem Modellieren Ihrer Häuser. Schneiden Sie hierfür vom Salzteig Würfel, Quader oder andere Formen, je nach Gebäudeart, ab. Modellieren Sie Ihre Häuser oder die Burg nach Ihren Vorstellungen in die Pflanzenlandschaft. Spielen Sie Landschaftsgärtner und probieren Sie immer neue Anordnungen aus, bis Sie eine gute Lösung gefunden haben. Sie können auch Vorlagen von Postkarten, Fotos und Bildbänden aus den verschiedensten Landschaften nachgestalten.

Härten Sie Ihre Häuser unbedingt im Ofen, damit sie sehr widerstandsfähig sind, da sie doch hin und wieder mit Feuchtigkeit in Berührung kommen. Sie können Ihre Häuschen auch mit Wasserfarben, Kerapaint oder auch nur mit Patina farblich gestalten. Die Licht- und Schatteneffekte erreichen Sie durch anschließendes Abreiben mit feiner Stahlwolle. Je nach Geschmack können Sie die Häuschen noch lackieren.

Sicher ist Ihnen aufgefallen, daß mit Farben sehr sparsam umgegangen wurde. Dies war notwendig; denn es bleibt Aufgabe der Pflanzen, Leben in die Landschaft zu bringen.

Nach dem Bemalen kleben Sie die Häuschen mit der Pattex-Klebepistole oder mit Pattex Super-Gel auf den Steinen fest. Wenn nötig, werden die Häuschen noch mit Teig „untermauert".

Sie können eine Teigschicht über die Steine legen und noch mit Treppen und Wegen das „Gelände" ausbauen. Pinseln Sie die noch feuchte Oberfläche mit Kleister ein und drücken Sie feinen Sand, z.B. Modelleisenbahnsand, fest ein. Er haftet auf diesem Untergrund sehr gut. Schon ist Ihr eigenes kleines Dorf, Ihre Residenz oder Ihr „Traumschloß" fertig. Etwas Mühe – aber sie lohnt sich!

Dies ist ein sehr ausbaufähiges Thema. Sie können z.B. für Modelleisenbahnen Landschaften gestalten oder aber ein Modell für Ihr geplantes Eigenheim entwerfen.

Hier wurden die beiden Elemente der linken Seite zu einer größeren Landschaft zusammengefügt.

Bäume

Die Herstellung der Baumgruppe ist ganz unproblematisch. Wellen Sie zuerst für die Grundplatte ein Rechteck von ca. 15 × 9 cm aus. Von einer plattgedrückten Wurst schneiden Sie die drei Stämme ab. Sie werden, im Kontrast zu den stark strukturierten anderen Bildteilen, ganz glatt verstrichen.
Für die Baumkrone werden jeweils Halbkugeln aufgesetzt, die dann mit dem Modellierstäbchen aufgerauht werden. Die Wurzeln entstehen aus Würstchen. Verstreichen Sie die Ansatzstellen gut. Drücken Sie ein bißchen Teig durch ein Sieb. Das so entstandene Salzteiggras wird unter die Bäume gesetzt.
Baumkronen und die Wiese werden mit Patina bearbeitet. Lackieren Sie zum Schluß das ganze Bild mit „Seidenglanz".

Tanzende Kinder unter einem Islandmoos-Baum

Das Islandmoos läßt den Baum duftig und fein wirken, und Sie müssen bei der farblichen Gestaltung der Kinder sehr vorsichtig sein: ganz bunt bemalte Kinder wären zu auffällig und würden den Gesamteindruck stören. Ein Teilmotiv sollte nie wegen seiner kräftigen Farbe zum Mittelpunkt des Bildes werden.
Basis der Baumkrone ist eine runde Teigplatte, die zu zwei Dritteln mit einer flachen Halbkugel aus Teig bedeckt wird. Es bleibt also rundherum ein Randstreifen sichtbar. Fügen Sie den Stamm an und verbinden Sie ihn gut mit der Krone. Die Äste umschließen und überragen die Halbkugel. Die Rindenstruktur wird mit einem Modellierhölzchen eingeritzt und anschließend mit einer Zahnbürste etwas flachgedrückt.
Nach dem Härten und Bemalen bekleben Sie die freien Stellen mit Islandmoos.
Größe: 30 cm

Variationen zum Thema Baum
Im Prinzip werden diese Bäume alle so aufgebaut, wie auf Seite 52 beschrieben. Daher wird hier nur auf das jeweilige Originelle eingegangen.

Bonsai (Japanischer Baum)
Typisch für diese Bäume ist der unregelmäßige Wuchs. Deshalb kann man hier sehr dekorative Formen entstehen lassen.
Die Struktur für den Stamm wird mit einer Zahnbürste eingedrückt. Für die Blätter wird der Teig durch ein grobes Sieb gedrückt, dann vorsichtig abgenommen und leicht geformt auf die Äste gelegt.
Größe: ca. 18-27 cm

Blütenbaum
Die Baumkrone ist ganz aus Blättern gebildet, die reihenweise von außen nach innen gelegt werden. Zum Schluß werden die Blüten verteilt.
Größe: 20 cm

Herbstbaum
Durch die reihenweise farbliche Anordnung der Blätter kann der Aufbau einer Blattkrone genau rekonstruiert werden. Man kann die bunten Blätter aber auch gemischt auflegen.
Größe: 32 cm

Blütenbaum mit Schleife
Diesmal wird die Baumkrone mit ausgestochenen kleinen blauen Blümchen verziert. In der gleichen Farbe wird auch ein Schleifchen aufgelegt.
Größe: 27 cm

Blumenbaum (natur)
Der Stamm wird mit einem Modellierstäbchen eingeritzt. Um die Baumkrone wird die äußere Reihe mit Blättern angeordnet, dann die Mitte mit einer Vielzahl von Blumen arrangiert. Die Bräunung entsteht allein durch's Backen.
Größe: 30 cm

Rosenbaum
Reizvoll ist der Kontrast von naturbelassenem Teig für Stamm und Krone und rotgefärbtem Teig für Rosen und Schleife.
Größe: 20 cm

Für alle auf dieser Seite abgebildeten Bäume gilt:
Sie sind nicht bemalt, sondern aus gefärbtem, in einem Fall naturbelassenem, Salzteig.
Sie sind flach gearbeitet und haben daher trotz ihrer Größe eine Backzeit von nur 1½-2 Stunden.

Der Frühlingsbaum

Der Reiz des hier vorgestellten Blütenbaumes liegt in der Verbindung von rosafarbenen Trockenblumen und farblich dezent bearbeitetem Salzteig.

Der Stamm wird aus einer Teigwurst entwickelt. In der Mitte drücken Sie mit einem Modellierstäbchen eine Furche ein. Dadurch wirkt der Stamm etwas schwungvoller. Die Baumkrone entsteht wieder aus einer flachgedrückten Salzteighalbkugel, die Struktur der Baumkrone durch Drükken oder Schieben mit den Fingern. Die Ränder der Vertiefungen werden durch Herausziehen besonders betont.

Um feines „Gras" zu erhalten, wird der Teig durch ein Sieb gedrückt.

Nach dem Härten im Ofen wird der Baum mit Kerapaint, Patina und Stahlwolle bearbeitet.

Die Blümchen werden zum Schluß mit Pritt Alleskleber oder mit der Pattex-Klebepistole befestigt.

Der Stammbaum

Der Stammbaum wird durch eine knorrige Eiche dargestellt. Der Stamm ist der Mittelpunkt und wird üppig ausgearbeitet. Wurzeln nach Belieben ansetzen. Mit dem Modellierstäbchen werden tiefe Strukturen eingeschnitten, damit man eine naturgetreue Wirkung erzielt. Es werden die Äste angelegt und mit dem Stamm verbunden. 16 Glasscheiben, 5 cm Ø, werden auf dem Baum verteilt und zwischen die Äste gelegt. Stimmt die Anordnung, dann werden die Glasscheiben mit kleinen Blättchen eingerahmt. Sie müssen fest mit Teig umrahmt sein, damit sie sich nicht nach dem Backen lösen.

Die Größe des Baumes ist durch das Format des Backblechs begrenzt. Er wird mit eingefärbtem Teig gearbeitet. Dadurch kommen Licht und Schatten, besonders beim Stamm, ganz natürlich zur Wirkung. Die Fotos werden nach dem Backen sorgfältig zurechtgeschnitten und leicht an den Rändern festgeklebt.

Backzeit: ca. 4 Stunden

Frühlingsbaum im Salzteigrahmen

Alle Einzelteile sind leicht zu erstellen. Kleine Blüten, Blätter, Vögel und Schäfchen fallen jetzt nicht mehr schwer.

Man beginnt mit dem Ausrollen der Grundplatte. Für den Rahmen werden zwei lange Teigrollen, oben etwas flachgedrückt, auf die Grundplatte gelegt; Ansatzstellen wieder gut verspachteln, mit einem Modellierholz Rillen eindrücken.

Blätter: Rund 70 kleine Kugeln zwischen Handteller und Zeigefinger tropfenförmig rollen, auf der Arbeitsplatte flachdrücken und zu Blättern formen. Mit dem Modellierholz Blattadern eindrücken. Die Blätter nebeneinander, etwas übereinander und etwas hochgebogen auf das Bild legen.

Blüten: Ist der Baum gut belaubt, können die 30 Blüten modelliert werden. Drei Kugeln nebeneinanderlegen, in der Mitte etwas miteinander verspachteln und eine kleine Mittelkugel auflegen.

Die Vögel werden aus drei unterschiedlich großen Kugeln gefertigt. Mit einer Knoblauchpresse werden die Schäfchen geformt. An den Kopf zwei Ohren modellieren und ein Schwänzchen extra!

Baumflechte, Moos und Gräser sollten Sie unbekümmert in Ihre Salzteiggebilde einbeziehen. Richtig hineinkomponiert stören sie nicht, sondern vervollkommnen das Bild.

Apfelbaum im Frühling und im Herbst

Gerade beim Thema Baum ist es naheliegend, verschiedene Jahreszeiten zu gestalten. Je kleiner die Bilder sind, desto wünschenswerter ist es, mehrere gleichartige nebeneinander zu plazieren. Auch hieran sollten Sie denken, wenn Sie für sich selbst oder als Geschenk Bilder modellieren.

Diese Bäume werden auf einer Zeitungsunterlage gearbeitet.
Es beginnt mit der Krone. Eine große Teigkugel wird zu den Seiten hin unregelmäßig und recht flach ausgedrückt. Der Stamm wird aus einer Teigrolle angelegt. Er wird etwas gebogen. Für den Grund (Wiese) zusätzlich noch einmal Salzteig anmodellieren. Die Baumkrone wird mit angefeuchteten Fingern glattgerieben. Kleine Löcher für Äpfel und Blüten eindrücken. Man kann den Stamm mit einem Messerrücken verzieren und am Stammboden kleine Blätter aufsetzen (siehe Blütenbaum).
Der Kinderwagen ist fest an die Grundplatte anmodelliert, die Räder sind aus flachgedrückten Kugeln aufgesetzt. Zwei sehr kleine Kugeln betonen die Radmitte. Das Verdeck wurde anmodelliert und tiefe Rillen eingedrückt. Es soll schön rund und plastisch gearbeitet werden. Der Griff wird aus einer kleinen Teigrolle angespachtelt.
Die Blätter des Blütenbaumes sind einzeln geformt und gebacken und werden mit den Blüten, dem Gras und den Äpfeln mit Pritt Alleskleber angeklebt.

Am Apfelbaum sitzen zwei Vögel, geformt aus drei unterschiedlich großen Kugeln. Sie bekommen zuletzt noch einen winzig kleinen Schnabel angesetzt.
Der Korb neben dem Apfelbaum ist halbrund gearbeitet. Die Äpfel, das Gras und die Immortellen sind in Steckknet befestigt.

**Der Baum –
ein wichtiges Gestaltungselement**

Allein durch das Größenverhältnis, das man nicht außerachtlassen kann, wird der Baum bei vielen Szenenbildern zum tragenden Element. Grund genug, sich über seine Gestaltung Gedanken zu machen.

Schäferbild „Vollmondnacht"

Für dieses Bild sei noch einmal eine genauere Beschreibung gegeben:
Die Baumkrone wird nicht glatt modelliert, sie erhält eine etwas bizarre Form und sie wird mit einem Modellierholz aufgerauht. Für den Stamm wird eine Teigrolle leicht plattgedrückt. Wichtig sind die senkrecht verlaufenden Rillen.
Eine größere Teigmenge dient aufgerauht als Weidefläche. Vom Schäfer gestalten wir zuerst den Kopf aus einer Kugel. Den Kopf an die gewünschte Stelle legen. Ein kegelförmiges Teil wird zum Körper, eine flach ausgerollte Platte zum Mantel. Arme formen und mit den Mantelärmeln so umkleiden, daß die Hände herausschauen. Nun den Hut gestalten: Salzteig ausrollen und eine dünne runde Scheibe ausschneiden. Auf die Mitte eine Halbkugel setzen: Schon hat der Schäfer seinen Krempenhut!
Der Vollmond wird aus einer Salzteigplatte geschnitten und hinter dem Baum angelegt.
Die Blüten am Baum bestehen aus kleinen Kugeln, in die man ein Loch sticht.
Der Körper der Schafe wird aus einem Teigstück länglich-oval geformt. Mit einem Modellierholz die Oberfläche aufrauhen. Einen kleinen Kopf, zwei Ohren und das kleine Schwänzchen noch an die Schäfchen setzen.
Einige Blüten und Blätter schmücken die Wiese.

Noch einmal Bäume

Bei der Seelandschaft und bei der Rückansicht des Lampenfußes sind Bäume besonderer Art das bestimmende Element:
Verschiedene Blätter wurden so in den frischen Salzteig gedrückt, daß die Blattadern zu Stamm und Ästen werden, während das Blatt selbst die Baumkrone darstellt.

Diese Technik ist sehr beliebt. Wieder einmal ist zeichnerisches Talent nicht vonnöten, nur die Fähigkeit Bilder zu komponieren.

Seelandschaft

1. In die ausgewellte Grundplatte werden im oberen Bereich frische Blätter direkt auf die Grundplatte abgedrückt. Gut eignen sich Blätter mit starker Blattaderstruktur, z.B. Geranien-, Primel- oder Brombeerblätter.
   Sie können, je nach gewünschter Baumform, die Blätter auch zuschneiden. Legen Sie alle Blätter mit der Blattunterseite auf den Teig und beschweren Sie sie mit einem feingewebten Geschirrtuch oder einer Zeitung. Die Blattstrukturen werden mit dem Wellholz oder einem kleinen Teigroller vorsichtig eingedrückt.
2. Nach diesem Vorgang begradigen Sie die Ränder der Grundplatte.
3. Formen Sie mit den Fingerkuppen oder einem Modellierstäbchen den See und die Wege. Wenn Sie einen wellenbewegten See haben wollen, verstreichen Sie evtl. noch kleine Teile Teig darauf.
4. Aus zwei Würstchen modellieren Sie durch Eindrücken der Mitte die beiden Boote.
5. Wellen Sie sich eine neue Teigplatte aus. Dort werden wieder frische Blätter eingewellt, die anschließend mit einem scharfen Messer ausgeschnitten werden. Bevor Sie diese auf Ihrem Bild anordnen, legen Sie kleine Kügelchen oder Würstchen unter die Baumkronen, die dadurch reliefartig hervortreten.
6. Im linken Teil des Bildes wurde ebenso ein Baum aus einem Geranienblatt modelliert. Darunter fand ein Pärchen auf einer Bank Platz.
7. Zum Schluß füllen Sie das Ufer und die übrigen freien Flächen mit Gras und Schilf aus, indem Sie kleine Teile Teig auflegen und diese rillenartig eindrücken.
8. Nach dem Härten wird dieses Bild wieder in der Patinatechnik bearbeitet. Auf den abschließenden Lackauftrag verzichte ich aber gern, denn dieser matte Effekt kann auch sehr wirkungsvoll sein.

Modellierter Lampenfuß

Ein origineller, dekorativer Lampenfuß aus Salzteig! Verwertet wurden die Kenntnisse aus dem Modellieren von Landschaftsbildern, aus dem eben behandelten Verfahren mit Blattabdrücken und schließlich aus der Erfahrung mit dem Patinieren von Salzteig.

Der Lampenfuß hat als Kern eine Likörflasche.

1. Für das Kabel lassen Sie sich vom Glaser ein Loch in die Flasche bohren.
2. Wellen Sie eine Teigplatte aus und messen Sie, indem Sie die Flasche darauf abrollen, die Größe der Platte.
3. Streichen Sie die Platte mit aufgelöstem Tapetenkleister ein und drücken Sie die Platte fest an. Die beiden Kanten müssen miteinander verbunden und verstrichen werden. Vergessen Sie nicht, auch in den Teigmantel ein Loch für die elektrische Zuleitung zu drücken.
4. Nun kann mit dem Aufbau der Landschaft begonnen werden, und zwar von oben nach unten. Vorgegangen wird wieder wie bei der Schritt-für-Schritt-Anleitung für Landschaftsbilder. Den unteren Abschluß bildet eine Stadtmauer. Das Mauerwerk wird mit einem Stäbchen eingeritzt. Für das Tor wird ein Würstchenrand aufgesetzt und die Mauer an dieser Stelle etwas ausgehöhlt.
5. Auf der Rückseite (siehe Abbildung links) werden zuerst Platten für Berge aufgelegt. Dann werden wieder Bäume aus Blattabdrükken angeordnet. Auch hier werden die ausgeschnittenen Blätter mit kleinen Teigkkügelchen unterlegt, damit der Lampenfuß überall gleichmäßig plastisch ist. Die Strukturen werden mit der Zahnbürste und mit Modellierstäbchen eingedrückt.

6. Bearbeiten Sie die Lampe nach dem Härten in der beschriebenen Patinatechnik.

Es gibt im Hobbyhandel Lampenschirmgestelle, Lampenschirmringe in verschiedenen Größen und die dazugehörige Lampenschirmfolie. Der abgebildete Lampenschirm wurde aus einem Rest Textiltapete gefertigt. Sein Kern ist das Gestell eines alten, ausgedienten Lampenschirms.
Lassen Sie sich bei der elektrischen Installation Ihrer Lampe im Fachhandel beraten.
Höhe des Fußes: 23 cm
Höhe des Schirms: 24 cm

Geranienbaum (Abb. Seite 60)
Edel und elegant wirkt dieses Baumbild durch die blütenähnliche Anordnung der Geranienblätter aus Salzteig und deren dezente farbliche Gestaltung. Auf einem heruntergefallenen Blatt hat sich eine Schnecke gemütlich niedergelassen.
Zunächst formen Sie aus Salzteig eine Halbkugel, dazu den Stamm aus zwei glatten Würstchen, die sich im oberen Bereich zu Ästen, im unteren zu Wurzeln spalten. Verbinden Sie Halbkugel und Stamm miteinander, indem Sie weitere aus Teig gerollte Zweige auflegen. Gestalten Sie nun Ihre Baumkrone mit Hilfe verschieden

großer Geranienblätter. Diese eignen sich wegen ihrer feinen aber deutlich hervortretenden Aderstruktur besonders gut zum Abdrücken im Salzteig. Nach dem Härten wird der Baum mit Keramigloss behandelt. Am Stamm tragen Sie die Glasur dreimal auf (zwischendurch antrocknen lassen). Die Blätter werden mit einer grün/gelben Farbmischung bemalt. Solange die Glasur noch feucht ist, wird vorsichtig Goldbronzierpulver „dukatengold" darübergestäubt. Hierfür tauchen Sie einen Pinsel in das Pulver, streifen ihn ein wenig am Rand ab und blasen den Rest vorsichtig über den Baum. Der abgebildete Geranienbaum ist auf ein Kalenderfoto „Wiese" geklebt, das mit Karton verstärkt wurde.
Den passenden Rahmen können Sie sich im Bastelgeschäft oder Baumarkt maßgerecht anfertigen lassen. Ich habe einen schmalen Holzrahmen gewählt in einer dem Baum ähnlichen Farbe und also ebenso im Kontrast zum zarten Bildhintergrund.

Rhabarberblätter . . .

Bereits auf Seite 44 wurde das Abdrücken eines Rhabarberblattes in Salzteig gestreift, als ein Pflanzgefäß aus Rhabarberblatt-Abdrücken gestaltet wurde. Nun werden solche „Blätter" zu originellen Kulissen: Gärtnerjunge und Blumenmädchen finden auf einem Rhabarberblatt aus Salzteig Platz.
Zuerst werden die Figuren, ähnlich wie auf Seite 77/78 beschrieben, modelliert. Dann wird ein in der Größe passendes Rhabarberblatt ausgesucht.
Für den Blattabdruck gehen Sie folgendermaßen vor:

Rahmengröße: 23 × 32 cm
Größe des Baumes: 22 cm

1. Wellen Sie ein Stück Teig in entsprechender Größe ca. ½-1 cm dick aus.
2. Das frische Rhabarberblatt wird nun auf diese Teigplatte gelegt und mit dem Wellholz festgerollt. Drücken Sie es jedoch nicht zu stark ein, denn sonst könnten die dicken Blattrippen Risse im Teig verursachen.
3. Schneiden Sie mit einem spitzen Küchenmesser die Konturen des Blattes aus. Danach nehmen Sie das Rhabarberblatt ab. Wenn man das grüne Blatt vorsichtig entfernt, kann es nochmals verwendet werden.
4. Ziehen und drücken Sie nun den Rand in eine schwungvolle Form und legen Sie das Blatt so auf einem leicht eingeölten oder mit Alufolie bedeckten Backblech zurecht. Gegebenenfalls unterlegen Sie die stark gewölbten Teile mit zerknüllter Alufolie. Sollte sich trotz dieser Vorsichtsmaßnahmen eine Blattrippe ganz durch das Material gedrückt haben, formen Sie ein feines Würstchen und drücken Sie dieses mit einem Modellierstäbchen in den Riß fest ein und verstreichen es vorsichtig.
5. Jetzt wird die vorbereitete, etwas ausgehärtete Figur auf der Rückseite mit aufgelöstem Kleister bepinselt und auf das Blatt gelegt.
6. Härtungsdauer im Backofen: ca. 2 Stunden
7. Zur Stabilisierung des Blattes können Sie nach dem Härten die geschwungenen Teile an den nicht sichtbaren Stellen mit Teig ausfüllen.
8. Die abgebildeten Blätter und Figuren wurden mit Kerapaint bemalt. Der Hintergrund wurde etwas stärker mit Stahlwolle abgerieben. Bei den zarten Farben und Figuren war aber Vorsicht beim Abreiben am Platze.

   Wenn Sie diesem Werk lieber ein keramisches Aussehen verleihen wollen, bearbeiten Sie es mit Kaltglasur.

Beliebte Salzteigfiguren

Nun ist es an der Zeit, mit einer gründlichen Schritt-für-Schritt-Anleitung das Herstellen attraktiver Salzteigpuppen zu erklären.

So wird die Oma modelliert

Teig auf einer sauberen, glatten Unterlage mit einem Nudelholz ca. 1 cm dick auswellen. Form des Kleides mit einem spitzen Küchenmesser ausschneiden. Länge ca. 16 cm. Zum Weitermodellieren das Kleid auf ein Backblech legen.

Um der Oberweite mehr Ausdruck zu verleihen, zwei kleine Kugeln unter das Kleid schieben und von vorne nachmodellieren.

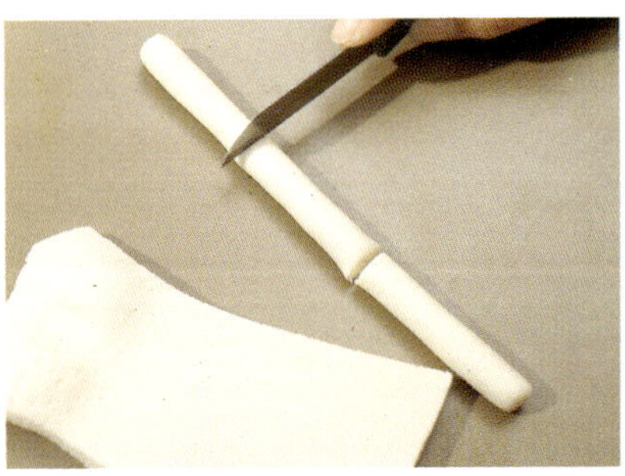

Für den Faltenwurf der Schürze aus einer 1 cm dicken Teigrolle zwei 9 cm lange Stücke schneiden.

Diese Stücke wie in der Abbildung auf den Rock des Kleides legen und andrücken.

Aus einem neu ausgewellten Stück Teig die Schürze ausschneiden, nachdem die Länge an der Puppe abgemessen wurde.

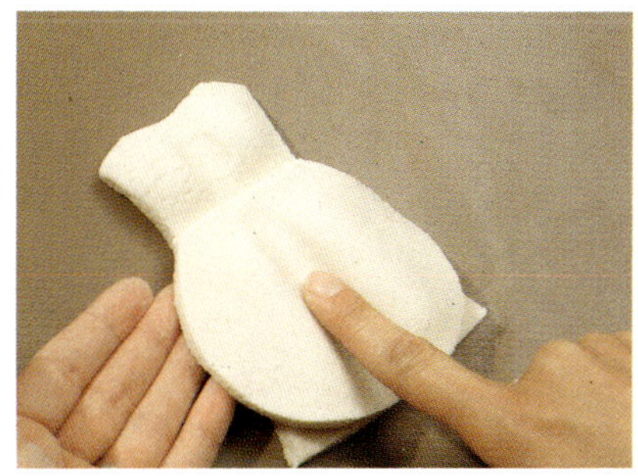

Schürze auf das Kleid legen. Mit dem Zeigefinger den Faltenwurf vorsichtig nachdrücken.

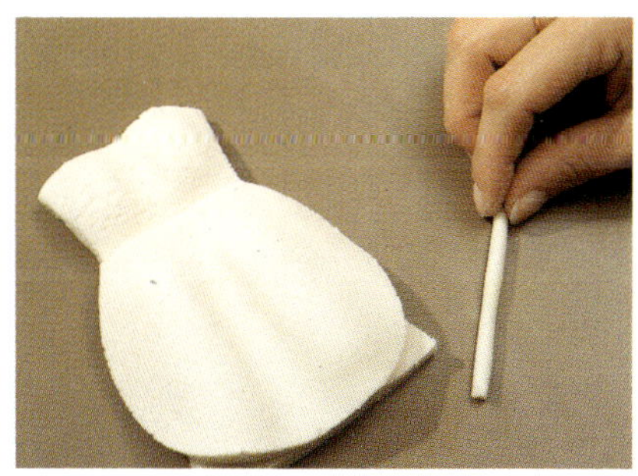

Für das Schürzenband eine dünne Rolle formen. Länge an der Puppe abmessen und abschneiden.

Schürzenband auflegen und beide Enden gut andrücken.

Oma und Opa

Warum sind gerade diese beiden Figuren allseits so beliebt? Vielleicht liegt es daran, daß es liebenswerte, doch klischeehafte Gestalten sind, die man verschenken kann, auch wenn der eigene Opa keine Glatze hat, nicht Pfeife raucht und noch nie einen Schnauzbart trug. Das Gestaltungsthema Oma oder Opa verlangt nun einmal diese Symbole.

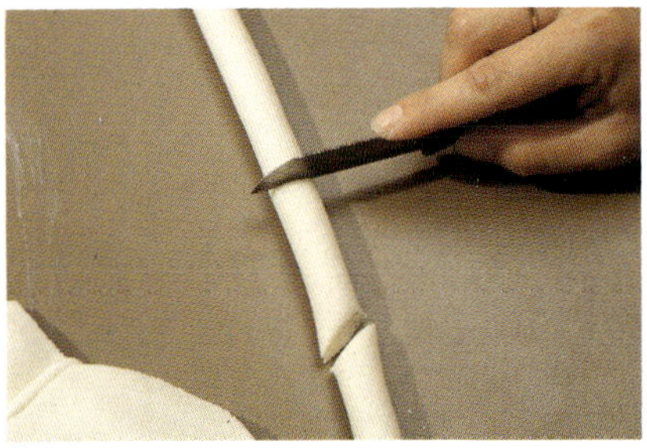

Für die Arme eine Rolle von ca. 1,5 cm Dicke formen. Zwei 10 cm lange Stücke, wie auf der Abbildung gezeigt, abschneiden. Das eine Ende hat einen geraden, das andere einen schrägen Schnitt.

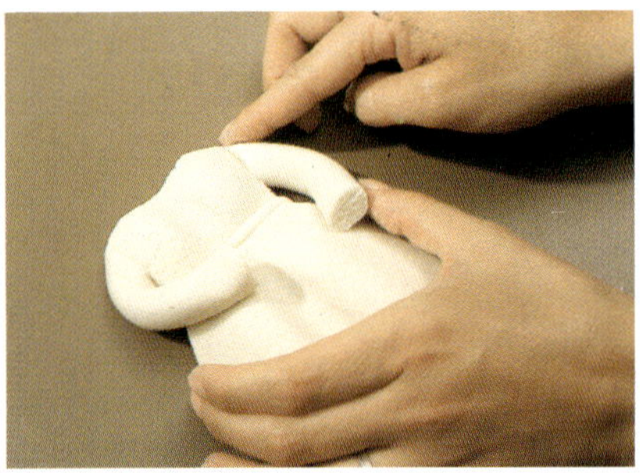

Arme mit der schrägen Schnittkante an der Schulter andrücken und in Bogenform auf die Schürze legen.

Zwei kleine Kugeln als Hände auf je einen Holzzahnstocher schieben und an die Arme drücken. Strickhaltung beachten.

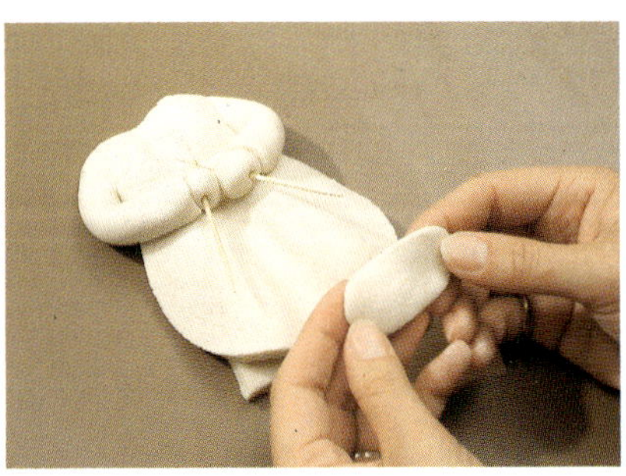

Für die Schulterflügel mit den Fingern zwei ovale, dünne Teigstücke formen.

Teigstücke an der Schulternaht aufsetzen und mit Daumen und Zeigefinger den Rand zu Wellen formen.

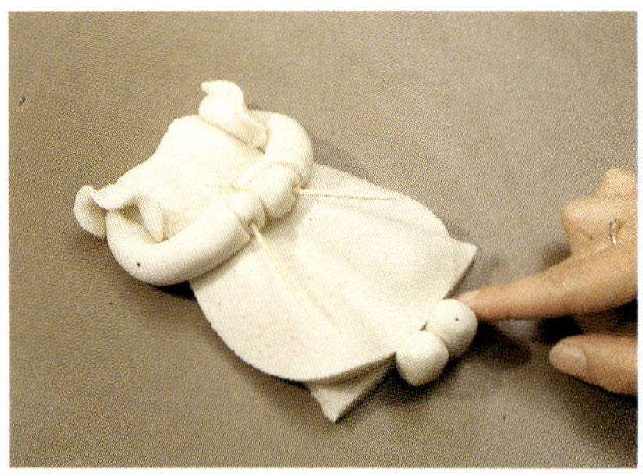

Für die Füße formt man zwei eiförmige Kugeln und drückt sie an der Mitte des Rocksaumes gut fest.

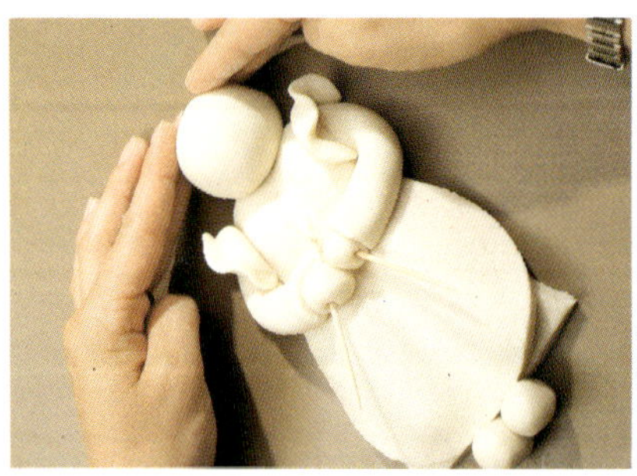

Als Kopf dient eine Kugel mit sehr glatter Oberfläche, um die Bemalung zu erleichtern. Die Glätte erreicht man, indem man die Kugel auf der sauberen Tischplatte mit der flachen Hand kreisförmig modelliert. Beim Aufsetzen des Kopfes die Proportionen beachten.

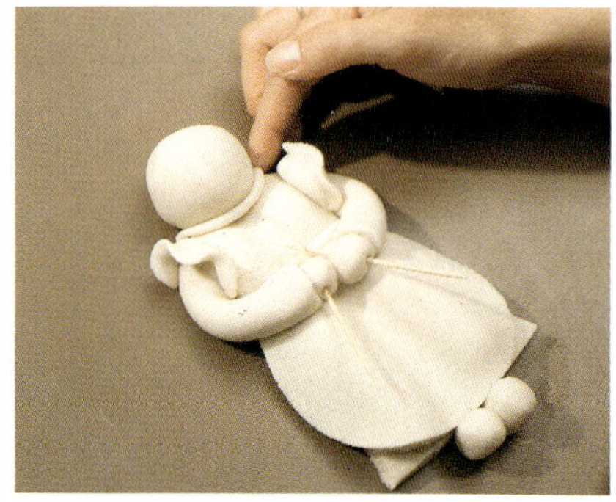

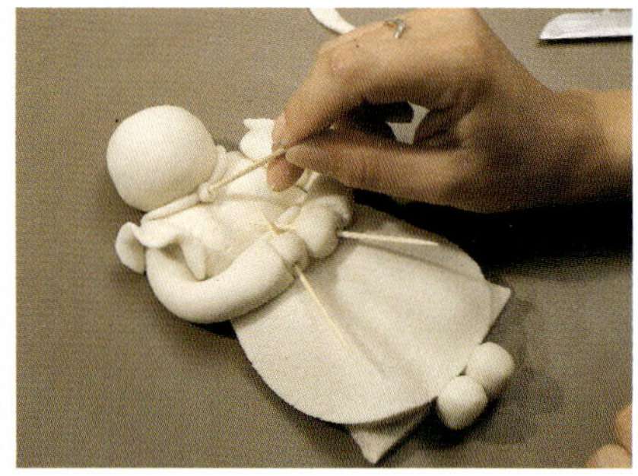

Um den Kopfansatz eine dünne Rolle als Halsband legen und auf die Mitte des Halsbandes mit einem Zahnstocher eine kleine Kugel aufdrücken.

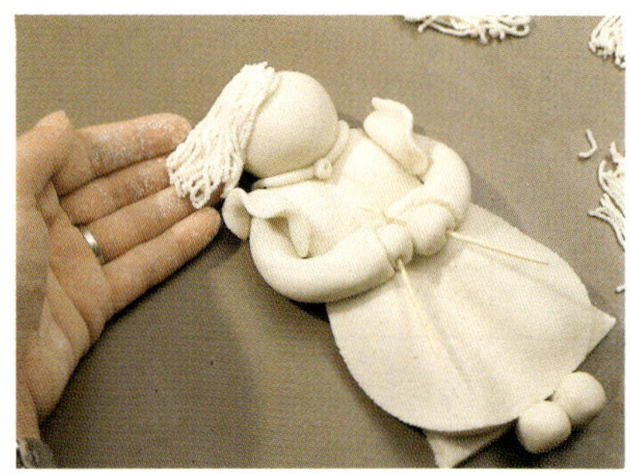

Für die Haare den Teig durch eine Knoblauchpresse drücken und vom Scheitel aus nach beiden Seiten um den Kopf legen.

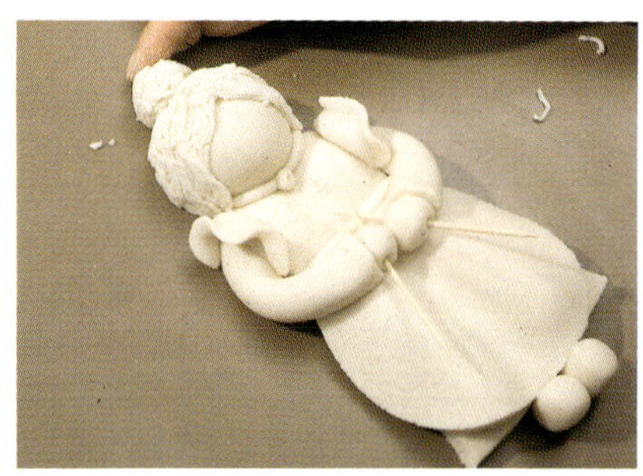

Zum Schluß einen nicht zu kleinen Dutt formen und auf der Frisur gut andrücken.
Jetzt ist die Puppe modelliert und fertig zum Backen.

Bemalen des Gesichts

Das Aufmalen des Gesichts erfordert etwas Geschick. Es ist ratsam, vorher mit einem Pinsel auf einem Stück Papier zu üben. Für ein gutes Ergebnis eignet sich ein Marderhaarpinsel der Größe 1.

Zuerst malt man die beiden Augenbogen mit den Pupillen.

Wer gut geübt hat, versucht nun, zwei Kreise als Brille um die Augen zu malen. Wer mit dem Ergebnis nicht zufrieden ist, kann das Ganze nach dem Trocknen mit einem spitzen Messer wieder wegkratzen.

Jetzt wird das Brillengestell vervollständigt und zwei Punkte für die Nase aufgemalt.
Anschließend wird um die Pupille das Augenweiß eingemalt und der Lichtpunkt auf die Pupille gesetzt.

Den Mund malt man mit einem kräftigen Rot, wobei die Oberlippe stärker betont wird.

Zum Schluß bekommt die Oma noch rote Bäckchen. Man achte darauf, daß dabei die Brille nicht übermalt wird.

Der Aufhänger

Nach dem Backen und Auskühlen bekommt die Puppe einen Aufhänger. Hierzu verwendet man Schnur, die man mit einem Zwei-Komponenten-Kleber, z.B. Pattex Stabilit express, von hinten dick anklebt.

Mit ein bißchen Phantasie kann man aus dem Oma/Opa-Grundmotiv verschiedene Variationen entwickeln. Drei davon wollen wir Ihnen hier vorstellen.
Welche Oma würde sich nicht über einen dieser fleißigen Opas freuen?

So wird der Opa geformt

1

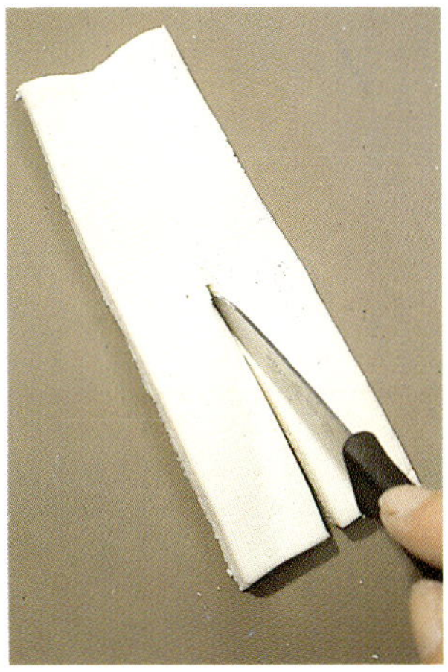

Aus einer ca. 1,5 cm stark ausgewellten Teigplatte werden die Hose und der Oberkörper in einem Stück herausgeschnitten.

2

Die Jacketteile werden ebenfalls aus einer dünn ausgewellten Teigplatte ausgeschnitten.

3

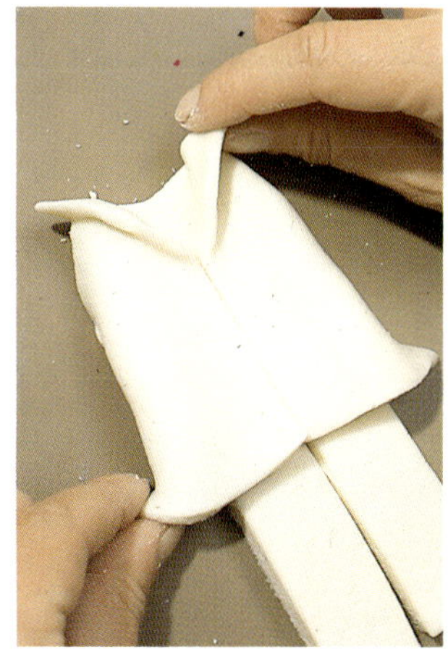

Nun werden die beiden Jacketteile auf den Oberkörper aufgelegt und das Revers mit dem Daumen und Zeigefinger geformt.

4

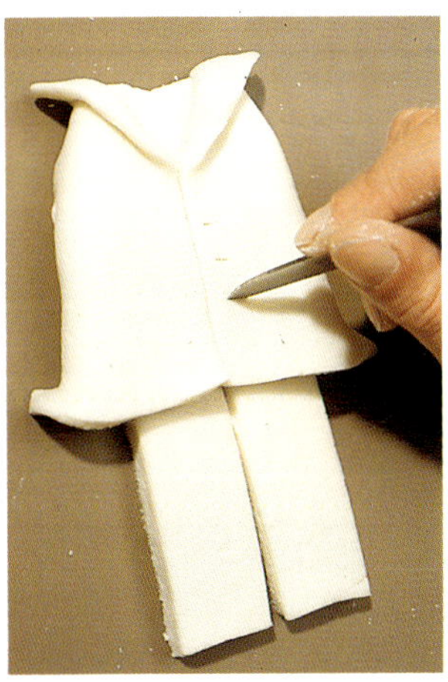

Mit einem spitzen Messer werden die Knopflöcher eingeschnitten.

5

Auf der Gegenseite der Knopflöcher werden als Knöpfe kleine Kugeln aufgesetzt. In jeden Knopf werden mit einem Zahnstocher zwei kleine Löcher eingestochen.

6

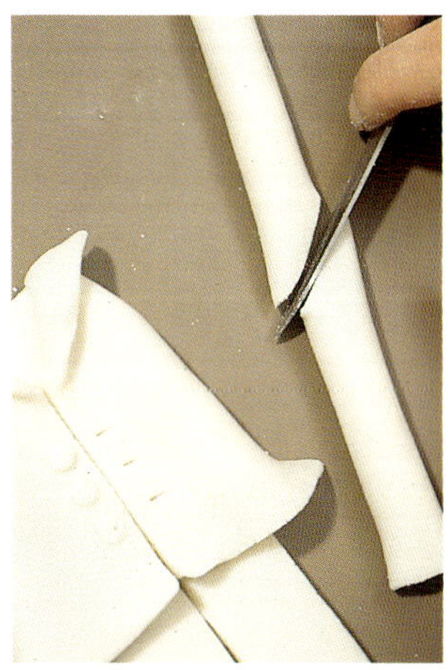

Für die Arme eine Rolle von ca. 1,5 cm Dicke formen. Zwei 10 cm lange Stücke schneiden. Das eine Ende hat einen geraden, das andere einen schrägen Schnitt.

7

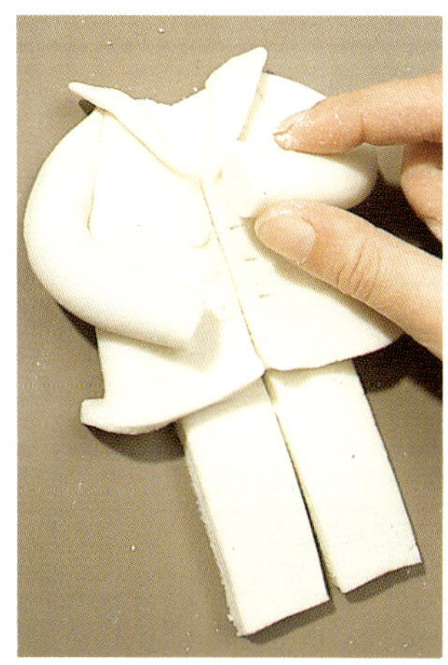

Arme mit der schrägen Schnittkante an den Schultern leicht andrücken. Für die Armhaltung den linken Arm etwas höher auflegen; er soll die Pfeife halten. Den rechten Arm in leicht gebeugter Stellung auf das Jackett legen.

8

Für den Kopf wird eine glatte Kugel geformt (Proportionen beachten), die auf den Schultern aufgesetzt wird.

9

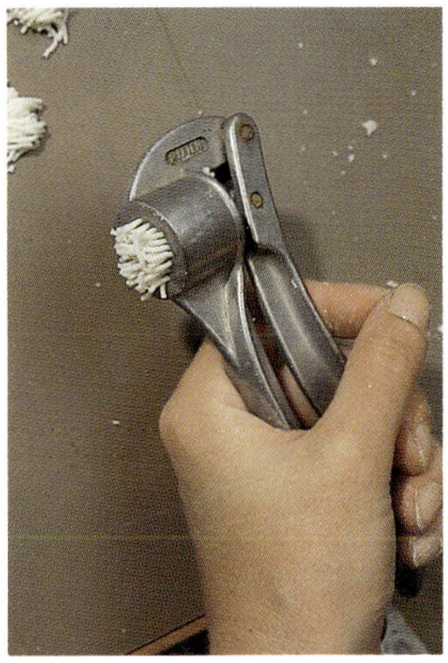

Nun wird etwas Teig durch eine Knoblauchpresse gedrückt und in den entsprechenden Größen für Haare, Augenbrauen und Bart zugeschnitten.

10

Die Haare, Augenbrauen und den Bart ganz vorsichtig aufsetzen. Vorher den Kopf an den Kontaktstellen leicht anfeuchten.

11

Für die Nase wird eine kleine Kugel geformt, die in der Mitte oberhalb des Bartes aufgesetzt wird. Mit einem Zahnstocher wird ein Loch als Mund eingestochen.

12

Zuerst wird für den Pfeifenhals eine dünne Teigrolle geformt. Auf das Ende des Pfeifenhalses wird eine Kugel, in die vorher eine Vertiefung gedrückt wird, als Pfeifenkopf gesetzt.

13

Nun wird die Pfeife vorsichtig aufgesetzt. Das Mundstück wird in Opas Mund geschoben. Den Pfeifenkopf so auflegen, daß der Opa die Pfeife in der Hand halten kann.

14

Zwei Kugeln werden für die Hände geformt und am Arm angesetzt.

15

Als Füße formt man zwei ovale Bällchen, die an der Hose angedrückt werden. Nun ist der Opa fertig und kann gebacken werden.

Modellieren einer seitlichen Puppe

Es ist sicher kein Problem für Sie, die Modelle von Oma und Opa nach Belieben abzuwandeln. Veränderungen von Grund auf gibt es allerdings dann, wenn Sie eine Figur von der Seite darstellen möchten, das heißt eine Puppe, die am Betrachter vorbeiläuft.

Im allgemeinen ist zu empfehlen, auch bei einer Seitenansicht davon auszugehen, daß die Figur den Betrachter ansieht. An der Ausarbeitung von Kopf und Gesicht ändert sich bei der vollplastischen Puppe ohnedies nichts. Der Kopf wird lediglich auf dem Rumpf in die gewünschte Richtung gedreht.

Salzteigpuppen sind meist nur halbplastisch. Das gilt jedenfalls auch für die hier gezeigten Beispiele, die aufliegend gestaltet und gebacken werden, um schließlich ihren Platz an einer Wand zu finden.

Der Kopf wird also in der Regel nicht anders gearbeitet als bei den üblichen Figuren, als deren Vertreter wir Oma und Opa vorgestellt haben.
Wird einmal auch das Gesicht von der Seite gezeigt (weil z.B. die junge Dame ihren wartenden Liebhaber ansieht), so wird erkennbar, daß die Puppe im wörtlichen Sinn kein Profil hat. Das heißt: Nase, Mund und Augen sind nur angemalt, können aber auch ganz entfallen.
Anders ist es – auch bei der Vorderansicht – wenn ohnedies ein Bart aufgesetzt ist: Wie der Opa, so hat auch der Weihnachtsmann einen ausmodellierten Bart und eine aufgesetzte Nase.

Der junge Mann, der am Betrachter vorbei zu seiner Liebsten strebt, ist sicher ohne weitere Erklärung leicht nachzumachen. Das Bild mag Ihnen dabei helfen.

Es tut an dieser Stelle nichts zur Sache, daß einige der gezeigten Figuren nicht aus Salzteig, sondern aus porzellanähnlicher Modelliermasse gebildet wurden.

Modellieren einer seitlichen Puppe

1

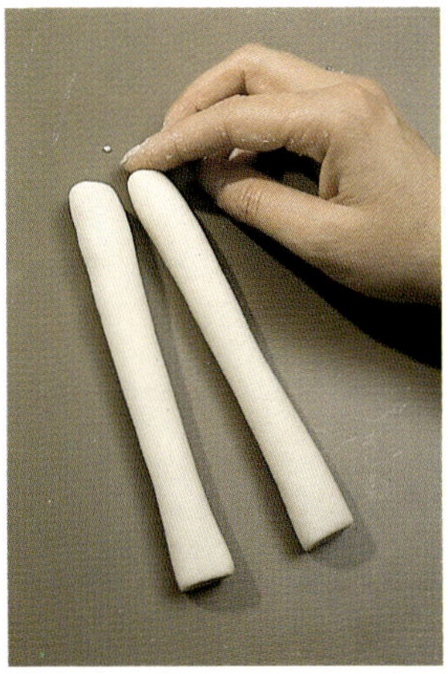

Für die Beine aus einer ca. 1,5cm starken Teigrolle zwei 13cm lange Stücke schneiden und nebeneinander auf das Backblech legen.

2

Teig ca. 0,2cm stark ausrollen und die Form des Kleides ausschneiden.

3

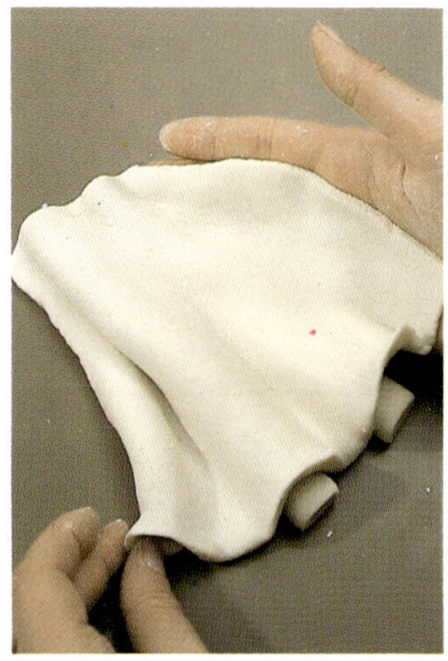

Das Kleid mit schwungvollem Faltenwurf auf die Beine auflegen und entsprechend der Kleiderform modellieren.

4

Ähnlich wie das Kleid, nur etwas kleiner, nun aus einer ausgewellten Teigplatte die Schürze ausschneiden.

5

Die Schürze ebenfalls mit leichtem Faltenwurf auf das Kleid auflegen.

6

Aus einem ausgewellten Stück Teig werden für das Schürzenband vier schmale Streifen geschnitten. Zwei Teile in Schleifenform aufsetzen, die anderen beiden Stücke als Enden daruntersetzen. Eine Kugel gibt den Knoten.

7

Für den Arm eine 1,5cm dicke Rolle formen. Ein Stück von ca. 9cm Länge, wie abgebildet, herausschneiden. Das eine Ende hat einen geraden, das andere einen schrägen Schnitt.

8

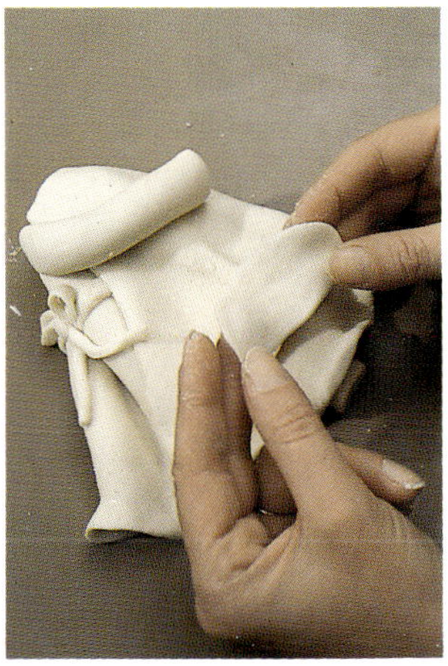

Arm mit der schrägen Schnittkante ansetzen, leicht andrücken und in die gewünschte Armhaltung bringen. Für den Armflügel mit den Fingern ein ovales, dünnes Teigstück formen.

9

Teigstück oberhalb des Armes ansetzen und mit Daumen und Zeigefinger den Rand wellig formen.

10

Für den Kopf eine Kugel formen, die nachdem die Ansatzstelle angefeuchtet wurde, angesetzt wird.

11

Die Haare entstehen aus einer oval geformten Teigplatte, die um den Kopf gelegt wird.

12

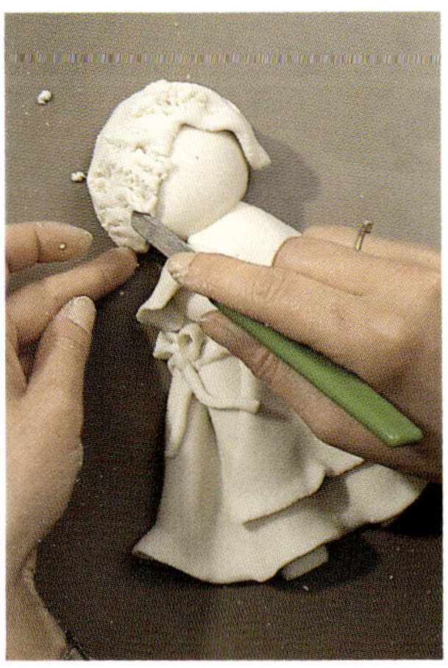

Mit einem spitzen Messer nun die Haarstruktur einritzen.

13

Als Hand dient eine kleine Kugel, die an das Ende des Armes angedrückt wird.

14

Für die Füße formt man zwei ovale Bällchen und drückt sie fest in Laufrichtung an die Beinenden an.

15

Wenn die Puppe fertig modelliert ist, kann sie zum Backen in den Herd.

Ein gutes Thema:

Die Puppenmutti

Es gibt viele Anlässe, zu denen man eine gut gewählte Salzteigarbeit verschenken kann. Puppenmuttis werden so gern modelliert, weil sie zu einem ganz persönlichen Geschenk werden, wenn man sie zur Geburt oder Taufe überreicht.

Hier nur ein paar Beispiele als Anregung:

Mutti in Blau

Die junge Mutter hält ihr Kind, das ihr „wie aus dem Gesicht geschnitten ist", glücklich in den Armen. Das Kinderkleidchen wurde aus einer Teigplatte geschnitten; dann wurden Arme, Kopf und Füße angesetzt.

Mutti mit Kinderwagen und Blumen

Zur Gestaltung der Mutti ist nicht viel zu sagen. Selbstverständlich sollten Sie nicht versuchen, auch die Blumen aus Salzteig zu formen. Es sind fertig gekaufte Seidenröschen.

Für den Puppenwagen wird aus einer dicken Teigplatte mit Hilfe eines Trinkglases eine kreisrunde Scheibe ausgestochen. Anschließend wird ein knappes Viertel davon mit dem Messer weggeschnitten.

Das Verdeck des Kinderwagens wird durch Kerben, die vom Mittelpunkt ausgehend eingedrückt werden, plastisch hervorgehoben.

Um den Puppenwagen fest mit der Puppe zu verbinden, wird er teilweise vom Rock überdeckt.

Bild unten:

Wie gefällt Ihnen dies Motiv? Es soll nur zeigen, wie viele Möglichkeiten der Variation Sie haben.

Dekorationen für's Kinderzimmer

Beim Seppl wird die Kleidung auf die vorher geformten Beine und den Oberkörper aufgesetzt. Ebenso verfahren wir beim Mädchen: Rock und Mieder werden getrennt modelliert und mit einem Gürtel verbunden. Beides wird auf den vorher geformten Körper gelegt.

Wenn Sie nicht die Kinder selbst darstellen möchten: Über lustige Clowns freut sich jedes Kind – aber auch mancher Erwachsene! Das liegt sicher an ihrer vordergründigen Fröhlichkeit mit einem Schuß innerlicher Traurigkeit und Sentimentalität. Clowns sagen uns: Lacht doch mal wieder!

Bei dem rothaarigen im oberen Bild wird als erstes die Hose aus einer dicken Teigplatte geschnitten, anschließend der Oberkörper mit den Armen modelliert. Ein Gürtel verbindet Oberkörper und Hose. Den Kopf mit leichter Schräglage aufsetzen. Wichtig ist das typische Clownsgesicht.

Mehlsieb mit bäuerlichem Motiv

Dieses Mehlsieb gibt einer bäuerlichen Szene den angemessenen Rahmen. Mit der Vorbereitung des Siebes beginnen wir auch:
Bestreichen Sie ein Stück vom inneren Holzrand mit aufgelöstem Tapetenkleister. Drücken Sie dann als Erdreich ein Stück Teig fest. Getreide, Zweige der Korkenzieherhasel, kleine Mohnkapseln, Statice oder ähnliches werden in die noch feuchte Masse gesteckt. Der Salzteigboden wird mit Hilfe einer Zahnbürste strukturiert.
Wenn Sie mit der Anordnung zufrieden sind, lassen Sie das so geschmückte Sieb lufttrocknen. Wenden Sie sich nun der Gestaltung der Figuren zu.

Aus der Schritt-für-Schritt-Anleitung geht hervor, daß die Figuren von Grund auf so plastisch wie möglich gestaltet werden. So entstehen Körper, Beine und Arme aus Teigwürsten, nicht aus Teigplatten.

Diese Art des Modellierens läßt die fertige Figur plastisch wirken, obwohl sie rückseitig nicht durchgestaltet und auf dem Rücken liegend gebakken werden. – Immerhin eine interessante Variante!

Die Bäuerin
Formen Sie für den Körper eine Wurst von ca. 7 cm Länge. Als Kopf dient eine etwas flachgedrückte Kugel. Die Verbindung von Kopf und Körper wird durch ein Zahnstocher- oder Streichholzstück stabilisiert.

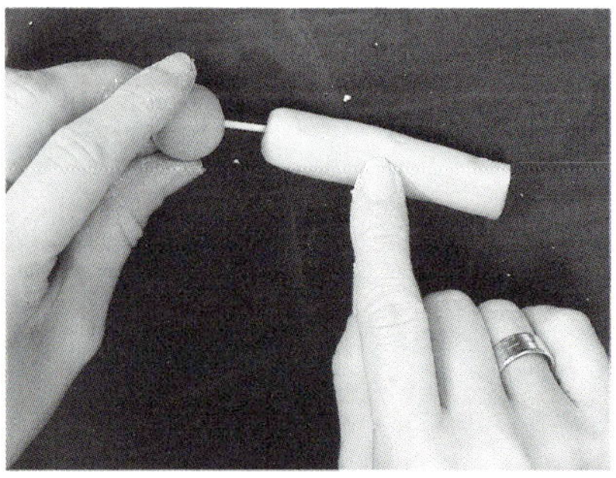

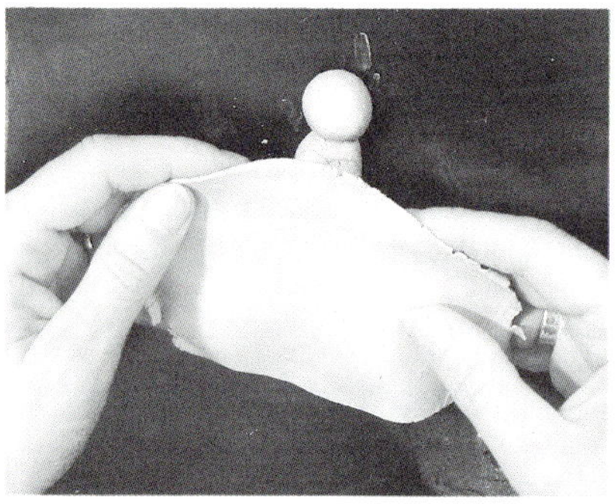

Kleid und Schürze werden aus einer ausgewellten Teigplatte gebildet, die faltig aufgelegt wird.

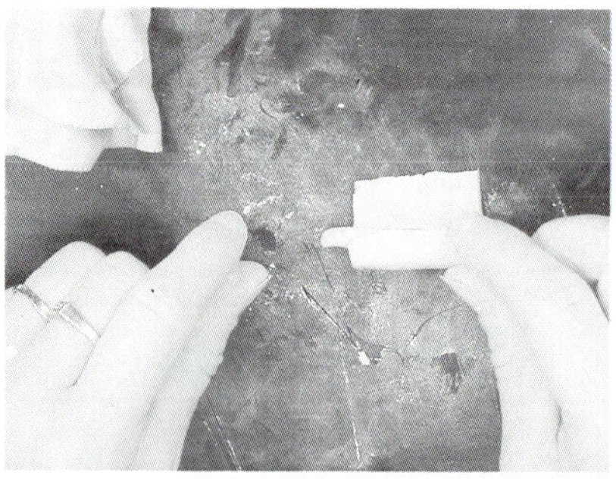

Die Arme entstehen aus Würstchen, die mit feinen Teigplatten umwickelt werden. Bringen Sie diese am Körper an und verstreichen Sie die Ansatzstellen gut.

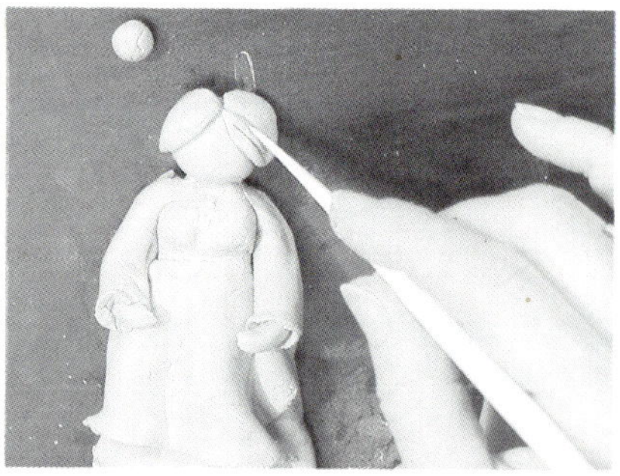

Zwei flache Teigplättchen werden als Frisur aufgelegt und mit einem Modellierstäbchen rillenartig eingeritzt. Aus einem Kügelchen wird ein kleiner Dutt geformt, der noch mit einem Zahnstocher strukturiert wird.
Stupfen Sie hiermit auch Augen und Mund ein.

Ein rechteckiger Streifen Salzteig wird locker um den Kopf gelegt. Die Endzipfel dieses Kopftuches werden gesondert modelliert und angefügt.

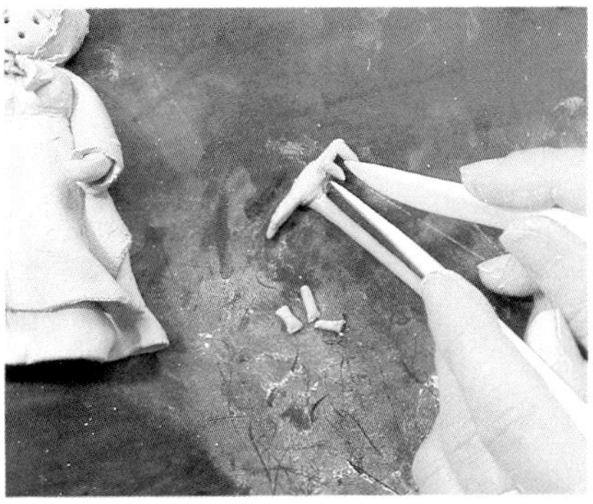

Und nun der Rechen! Umwickeln Sie einen längeren Zahnstocher für den Stiel und einen kürzeren für das Teil, an dem nachher die Zinken angesetzt werden. Verbinden Sie beides gut mit Kleister und Teig. Dann vervollständigen dünne, kurze Würstchen den Rechen, den Sie im Ofen kurz vortrocknen, bevor Sie ihn der Bäuerin in die Hand drücken.

Der Bauer

Wie bei der Bäuerin werden Kopf und Körper geformt und miteinander verbunden. Jetzt aber wird der „Körper" längs bis zur Hälfte eingeschnitten.

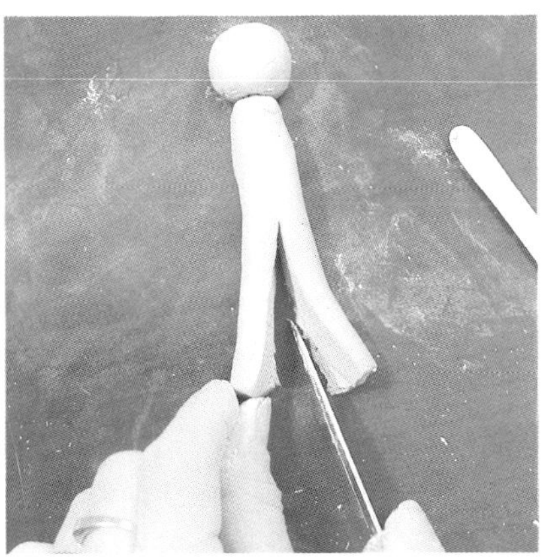

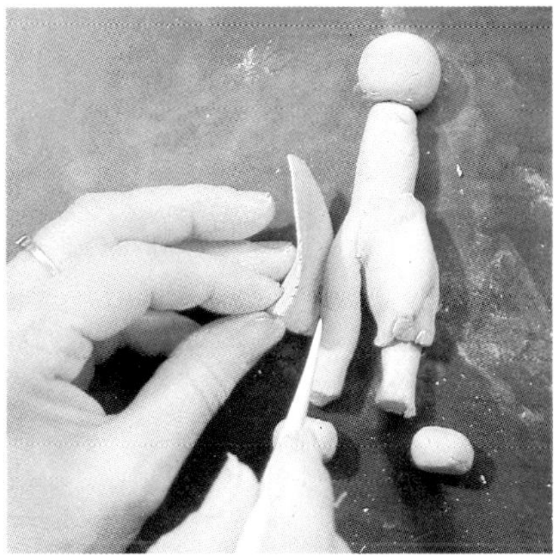

Legen Sie für jedes Knickerbockerbein ein ausgewelltes, dünnes Teigstückchen faltig auf, so daß die Beine zur Hälfte damit bedeckt sind. Zwei Kügelchen werden soweit verformt, daß sie als Schuhe gelten können.

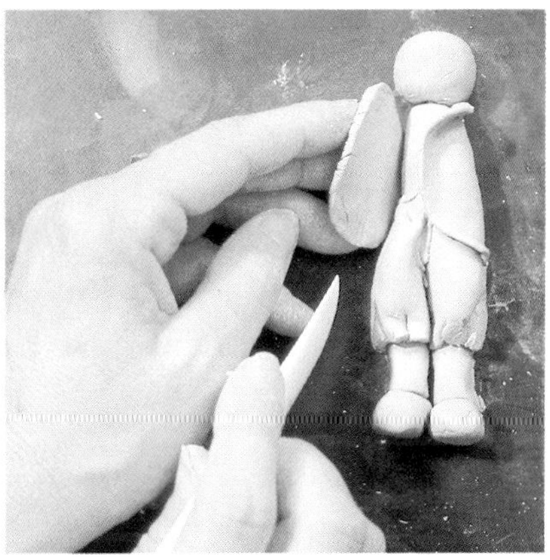

Der Oberkörper wird mit zwei flachen ovalen Teigstückchen bedeckt, die oben als Revers leicht nach außen gebogen werden.

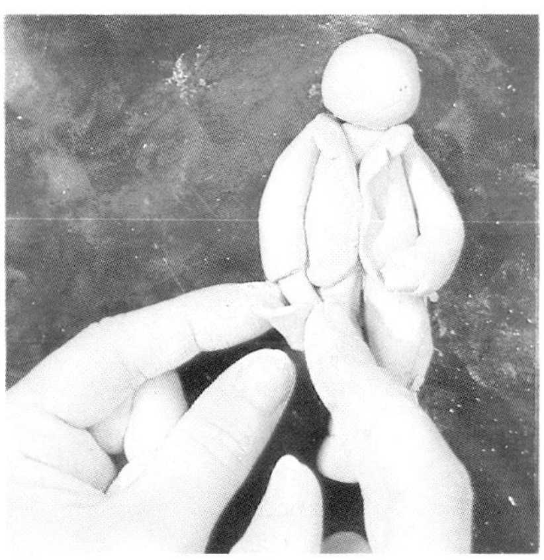

Die Arme werden wieder mit einer dünnen Teigplatte umwickelt und an den Schultern angedrückt. Eine Hand steckt in einer aufgesetzten Hosentasche, die andere hält später die Sense.

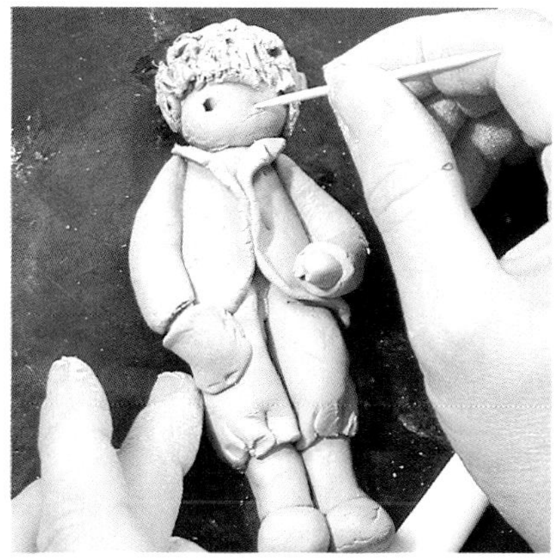

Eine auf den Kopf gedrückte Platte wird zur Frisur. Für die Augen genügt ein kleines Loch.

Eine als letztes angesetzte Krempe macht aus dem plattgedrückten Kügelchen einen zünftigen Hut.

Nun soll unser Bauer noch Pfeife und Sense haben! Wir umwickeln hierfür Streichholzstückchen mit Teig und fügen Sensenstiel und Sensenblatt fest zusammen. Nach dem Vorhärten erhält der Bauer seine Requisiten.
Die fertig gehärteten Figuren werden bemalt und dann endlich mit dem Boden des Siebes verbunden. Es ist ratsam, die Verbindungsstellen vorher gut einzukleistern.

Eine plastische Wirkung erzielen Sie, wenn Sie eine Figur ein wenig weiter vorn plazieren.

Größe des Siebes: ca. 22 cm
Größe der Figuren: ca. 10 cm

Große Puppen als Wandbilder

Größe: 40 cm
Backzeit: 3-4 Stunden

Bei den großen Figuren arbeiten wir selbstverständlich die Details besser aus. Ein paar Beispiele mögen dies veranschaulichen. Es bietet sich an, den Salzteig zu färben, aber Muster und Einzelheiten aufzumalen.
Beim Aufbau der Puppen gilt das Gesagte. Aber es ist zweckmäßig, in der ganzen Länge einen ca. 1,5 mm dikken Schweißdraht einzuarbeiten, der oben zur Öse gebogen wird, die als Aufhänger aus dem Teig ragt.

Großmutter und Großvater
bekommen eine Brille, die aus Blumenbindedraht gefertigt wird. Hierfür werden zwei ca. 10 cm lange Drähte so miteinander verschlungen, daß vier Enden entstehen. Jetzt wird das Brillengestell mit Hilfe eines Bleistiftes geformt. Dann verdrehen wir jeweils die zwei Drahtenden miteinander. Die Brille am Kopf anpassen. Die Lippen der Großmutter wurden mit einer feuchten Teigrolle aufgesetzt und modelliert. Für den „Schnauzbart" des Großvaters wurden zwei Kügelchen oval plattgedrückt, mit Daumen und Zeigefinger angespitzt und angedrückt. Ihm wurde eine kleine Tonpfeife, die im Spielwarengeschäft erhältlich ist, in den Mund gesteckt. Die Pfeife kann aber auch aus Salzteig modelliert werden. Großmutters Umhang besteht aus ausgewellten Teigplatten, die am Hals faltig angelegt werden. Um das untere Ende der Schürze und um den Rocksaum werden feine Streifen zu Rüschchen gerafft und angedrückt. Am Hütchen, das aus einer abgeflachten Halbkugel entsteht, werden ebenfalls Rüschchen angesetzt.

Das Blumenmädchen
hat am Dekolleté, am Rocksaum, Hutrand, sowie in der Hand Vergißmeinnicht, die mit kleinen Ausstechformen gefertigt werden. Dem Kleid werden am Oberteil seitlich und an der Taille sowie am Rocksaum Rüschchen angesetzt. Die Haare werden mit Hilfe der Knoblauchpresse gefertigt. Für die Augen werden Gewürznelken eingedrückt. Der Mund wird aus einem kleinen Teigwürstchen herausgeformt.

Beim Clown
ist es das Wichtigste, ihn möglichst originell anzumalen. Für die Nase wird eine Kugel aufgesetzt. Die Haare werden ebenfalls aufgesetzt und mit einem Modellierstäbchen eingedrückt. Wirkungsvoll sind auch die großen Schuhe. Die Schleife am Hals nicht vergessen! Der Hut entsteht aus einer plattgedrückten Halbkugel, der ein schmaler Rand angesetzt wird.

Trachtenpärchen auf Keramikfliesen

Größe der Fliesen: 20 × 20 cm
Backzeit: ca. 2½ Stunden

Elsässer Tracht (links)
Tiroler Tracht (Mitte)
Marktgänger aus den Vierlanden (rechts)

Diese fröhlichen Trachtenbilder sind genau das richtige Rezept für „kalte“ Räume. Zu einer bunten Bildorgruppe arrangiert, verwandeln sie schnell eine kahle, weiße Wand in einen aparten Blickfang. Ihre Gäste und Sie selbst werden viel Freude daran haben. Bei diesen feinmodellierten Teilen kommt es auf jedes Detail an. Zu dieser Arbeit gehört etwas Übung und künstlerisches Geschick.

Die Pärchen werden auf den Fliesen modelliert und gebacken.

Die Figuren werden nach den beschriebenen Grundformen hergestellt und die Kleider, Haare, Hüte usw. entsprechend abgewandelt.

Man sollte sich hier ziemlich genau an die Modellbilder halten und die Details beachten. Da hier viele Farben mitspielen, werden diese Bilder nicht eingefärbt, sondern nach dem Backen bemalt. Die Bilder müssen nach dem Backen von den Fliesen gelöst werden, damit sie sich später nicht von selbst lösen. Sollten sie festhängen, ist es ratsam, das Bild nochmals in den Backofen zu legen, da es dann innen noch feucht war. Zum Schluß das Bild mit Pattex Kraft-Mix auf die Keramikfliesen aufkleben und gleichzeitig auch je zwei stabile Bilderaufhänger ankleben.

Für Umhänge, Röcke und Schürzchen wird der Teig dünn ausgewellt und locker und faltig auf die Figuren gelegt. Je schwungvoller die Kleidungsstücke aufgelegt werden, umso natürlicher wirken sie – teilweise könnte man sogar glauben, es wurde hier Stoff verwendet. Einen besonderen Schwung erreicht man, wenn der Rocksaum oder ein Schürzenzipfel etwas „herausgezogen“ wird oder die Ecken einer Jacke leicht „herausgestellt“ werden.

Schwäbische Tracht

Lustige Kinderparade

Wenn man mit dem Material erst richtig vertraut ist und alle möglichen Salzteigarbeiten ausgeführt hat, bleibt immer noch ein weites Feld der Betätigung.
Es macht Spaß, Figuren jenseits aller Einengungen nach Lust und Laune und in aller Lebendigkeit zu entwerfen. Dabei zeigt sich, daß weniger die ausgefeilten Details als die Gesamtanlage und die Körperhaltung diesen oder jenen Typ charakterisieren, eine Stimmung oder eine Situation verdeutlichen.
Es gibt nichts, was Sie solchen Figuren nicht in die Hand geben könnten. In ihrer überzeichneten Lässigkeit werden die dargestellten Kinderfiguren zu Karikaturen ihrer selbst. Aber liebenswert sind sie allemal.
Eines wird deutlich: Die Puppen entstanden nicht ohne Konzept. Jede einzelne wird nachher in einer Szene eine vorbereitete Rolle spielen. Man spürt gleich, wie diese Figuren zusammengehören.
Hier hören allerdings die Möglichkeiten auf, den Leser anzuleiten. Es kann nur um Anregungen gehen und um den Appell, mutig zu sein, Schwung in die Figuren zu legen, allenfalls vorzuskizzieren, was man erreichen will. Wer zu zaghaft zu Werke geht, wird die Lebendigkeit und Ausdruckskraft in seinen Gestalten nicht wiederfinden, die auf dieser Doppelseite erreicht wurde.
Grundsätzlich bauen natürlich auch diese Schöpfungen auf dem auf, was Sie Schritt für Schritt gelernt haben. Nicht unerwähnt darf bleiben, daß diesen Arbeiten der Fertigsalzteig zugrundeliegt, der ein noch feineres Ausmodellieren zuläßt und besser aushärtet.
Hier werden die Figuren noch unbemalt gezeigt. Beispiele für die Farbgebung und für Kompositionen mit den Figuren werden auf den folgenden Seiten gegeben. Der Reiz der Figuren kommt erst richtig zum Tragen, wenn Szenen zusammengestellt werden.

Auch für Sie wird, wenn Sie etwas ähnliches schaffen wollen, die Gesamtkomposition am Anfang stehen. Die „Parade" der unbemalten Kinder macht deutlich, daß es in allererster Linie auf das Ausmodellieren der Figuren ankommt.
Beim Bemalen können Sie nur herausholen, was in das Modell bereits hineingelegt wurde.
Finden Sie nicht auch erstaunlich, wie unwichtig offenbar für die Charakteristik einer Figur z.B. der Mund ist – wenn alles andere stimmt?

Die Figuren können Sie nach Belieben in einen Bilderrahmen oder auf eine Pinnwand kleben. Ergänzungen sind sowohl mit dazu modellierten Teilen (Häuser, Bäume, Tiere u.a.m.) wie auch mit Kombinieren von Trockenblumen möglich. Salzteig kann so zum Familienspaß werden. Jeder formt eine Figur oder einen Baum und zum Schluß wird alles zu einem Gesamtbild auf einer Pinnwand zusammengefügt.
Die Figuren werden entweder mit Wasserfarben oder mit Kerapaint ohne Patina bemalt. Abschließend können Sie Seidenglanz auftragen.

In Verbindung mit Kinderspielzeug und Puppenküchen-Inventar lassen sich leicht kleine Szenen zusammenstellen.
Hier können nur Beispiele gegeben werden. Sie werden die vorher „roh" vorgestellten Figuren wiedererkennen.
Je weiter Sie sich bei Ihrer Arbeit von diesen Vorbildern lösen, desto besser. Finden Sie also neue Themen, z.B. „Der erste Schultag" oder „Gartenidylle".
Denken Sie schon beim Konzipieren daran, wo Sie Ihr Bild aufbauen können. Es soll Ihnen ja Freude machen und darf nicht im Weg sein. Ist ein Bücherbord frei, eine Ecke in der Vitrine oder eine Fensterbank? Der künftige Platz kann Einfluß haben auf die Größe der Figuren und auf die Farbgebung.

Die Liebe zur Musik verbindet – oder sie trennt.

*„Das Essen ist fertig!"
Jeder trägt seinen Teil zum Festschmaus bei.
Es gibt Spiegeleier mit französischem Weißbrot.
Der junge Mann überrascht mit einer Auswahl an frischem Obst.*

Variationen zum Thema Fenster

An anderer Stelle wurde bereits darauf hingewiesen, daß die Anwendung von Kondensmilch beim Übergrillen gerade bei Fenstern sehr wirkungsvoll ist. Hier nun einige Beispiele.

Für das nebenstehende große Bild wird noch einmal eine detaillierte Arbeitsanleitung gegeben. Sehen Sie sich aber auch die anderen Fotos an. Wie blaß müßte der Fenstervorhang des mittleren Bildes ohne die Bräunung aussehen?

Und noch etwas demonstrieren alle vier Beispiele: Man braucht sich bei den Salzteigarbeiten nicht ängstlich auf den Salzteig zu beschränken. Die Hineinnahme von Blümchen und Spitzen kommt dem Gesamteindruck zugute!

Wenn Oma strickt, hält Opa ihr die Wolle, raucht genüßlich sein Pfeifchen und freut sich auf den neuen Pullover.

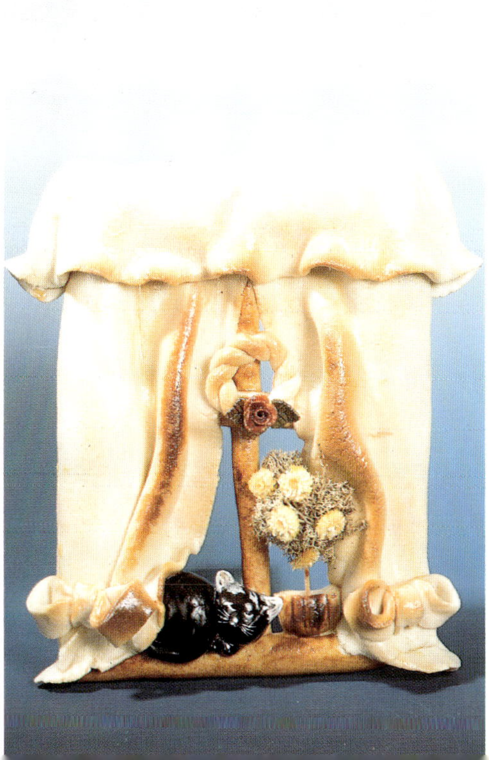

Der Kopf wird als Kugel geformt, deren Oberfläche sehr glatt sein sollte, um die Bemalung zu erleichtern. Beim Formen des Kopfes auf die Proportion achten.

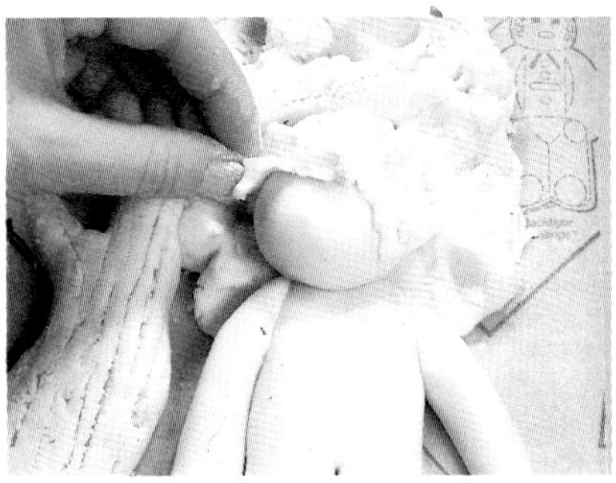

Die Haare entstehen aus einer oval geformten Teigplatte. Vor dem Aufsetzen die Haarstruktur mit dem Messer anritzen.

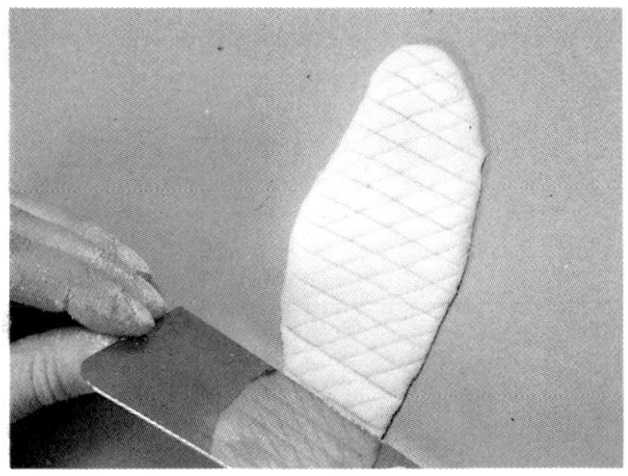

Der Hut wird aus einer dünnen Teigplatte, wie abgebildet, ausgeschnitten. Die Struktur wird vorsichtig mit einem Messer kreuzförmig eingedrückt.

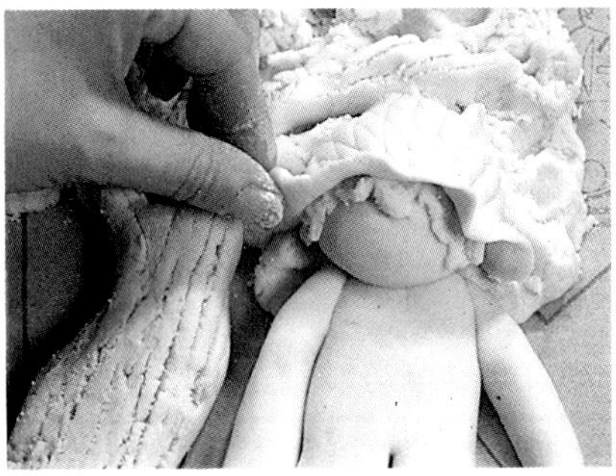

Beim Aufsetzen des Hutes die Krempe etwas in Wellen legen.

Für das Hutband wird eine dünne Rolle geformt, flachgedrückt und auf den Hut gesetzt.

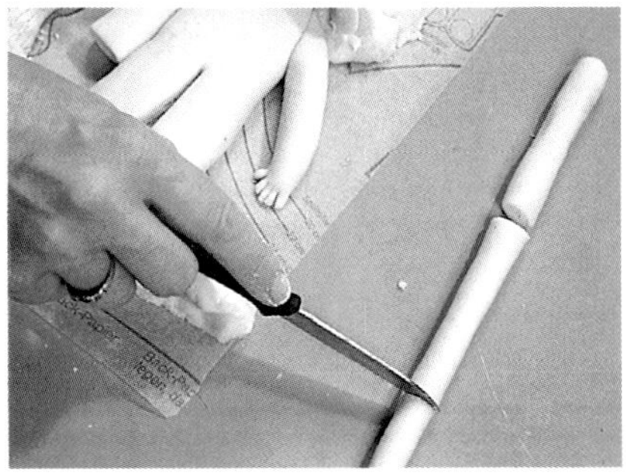

Aus einer langen, ca. 1,5 cm dicken Teigrolle werden sechs 8 cm lange Stücke für den Zaun geschnitten.

In der gleichen Art werden zwei Querlatten gefertigt. Vor dem Aufsetzen des Zauns werden die Auflageflächen am Baum noch einmal gut angefeuchtet. Der rechte Arm der Figur wird unter den Zaun gelegt.

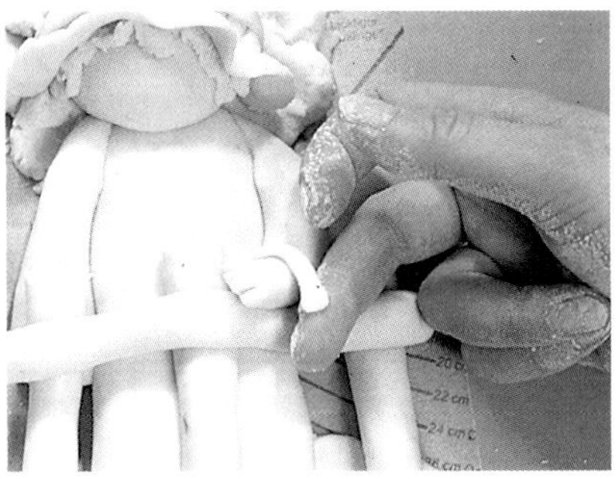

Der linke Arm wird auf den Zaun aufgelegt. Ein flaches, dünnes Teigstück wird als Hemdmanschette aufgesetzt.

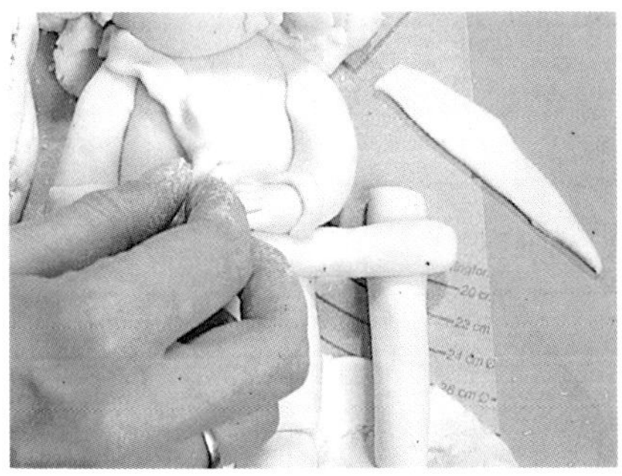

Der nächste Schritt ist das Modellieren des Schals. Dieser besteht aus zwei Teilen, die aus einem flachen Teigstück ausgeschnitten werden. Wie abgebildet auflegen und in Form drücken.

Wenn man es sich recht betrachtet, so ist auch die Farbgebung noch sehr wichtig. Verwendet wurden Wasserfarben, abschließend wurde „Seidenglanz“ aufgetragen.

Die Farbgebung macht aus ähnlich angelegten Hosen einen Schlafanzug oder eine geblümte Jeans-Latzhose und sie unterstreicht z.B. den Abstand der züchtigen Violinespielerin zum ganovenhaften Beatles-Fan.

Müde, müde, müde . . .
Der Sandmann war da! Die Kinder zeigen ihre Müdigkeit auf ganz verschiedene Art. Jede Pose ist echt. Wer muß beim Anblick dieser Szene nicht gähnen? Wer will da nicht ins Bett?

Was stellen wir als nächstes an? Es ist schnell durchschaut: Die drei pfeifen auf jede Rechenaufgabe, sie führen irgendetwas im Schilde.

Ein neuer Effekt: Den Salzteig grillen!

Wiederholt wurde darauf hingewiesen, daß Salzteigmodelle auf verschiedene Weise ihre Farbe oder ihren letzten Schliff bekommen können. Jetzt bleibt noch von einer weiteren Möglichkeit zu sprechen, wie der Salzteig als etwas Natürliches, Gebackenes dargestellt werden kann.
Backwaren haben nun einmal keine absolut gleichmäßige Färbung. Der Backvorgang und die unterschiedliche Hitze an verschiedenen Stellen des Backwerks führen zu unterschiedlichen Brauntönen.
Diese Effekte erzielt man auch bei Salzteig. Aber bei Teilen, die nachher bemalt werden, ist dies von Nachteil. So entstand ein neues Verfahren, das die Bräunungen auf bestimmte Teile beschränkt: das Übergrillen.

Der Arbeitsablauf:
Zunächst wird das modellierte Stück im Backofen so gebacken, daß alle Teile blaß-teigfarbig bleiben.
Dann legt man das fertiggebackene und abgekühlte Stück auf die oberste Schiene unter den vorgeheizten Grill. So backen die erhabenen Teile recht dunkel, Tieferliegendes wird hellbraun. Durch diese überbetonten Abstufungen erscheint das Gebackene sehr plastisch.
Die Bilder zeigen, daß der Effekt z.B. bei Körben attraktiv ist.
Bestreicht man das Salzteiggebilde vor dem Grillen mit Kondensmilch (man nimmt dazu einen Backpinsel), so erzielt man eine fleckige Bräunung, die an Bäumen, Fenstern und Türen gut wirkt, wie die folgenden Seiten beweisen.
Oft ist es wünschenswert, daß einige Stellen hell bleiben, weil dieser Naturton oder eine Bemalung angemessen erscheint. In diesem Fall deckt man die zu schonende Fläche mit Alufolie ab. Natürlich muß jeder Backvorgang unter dem Grill dauernd kontrolliert werden. Sollte einmal ein Teil den gewünschten Bräunungsgrad erreicht haben, ein anderer nicht, so schützt auch hier die Alufolie vor weiterer Bräunung.

Korbvariationen

Körbe sind wie gesagt besonders gute Demonstrationsobjekte, wenn es um das einfache Übergrillen von Salzteig geht. An ihnen ist auch das gerade Gesagte gut zu erkennen.

Beim Modellieren eines Korbes beginnt man mit dem Korbunterteil. Mit einem Messer oder mit zwei Gabeln erhält er seine Struktur. Danach werden für den Henkel zwei Teigrollen gedreht und an beiden Seiten angesetzt. Dieser Henkel wirkt nun durch das Übergrillen sehr plastisch. Ihn, wie auch den Korb selbst, wird man immer unbemalt lassen und der Grillhitze voll aussetzen.

Während der Brötchenkorb (S. 84, links unten) herrlich durchgebräunt ist, wurde bei den Obstkörben mit der Alufolie gearbeitet, damit die Farben auf den hellen Salzteig gemalt werden konnten.

Die kleine Abbildung auf dieser Seite zeigt, daß man natürlich auch Trockenblumen in den Korb einfügen kann. Für das kleine Trockengesteck wurden mit einem Zahnstocher Löcher in den Teig gestochen. Die Trockenblumen wurden selbstverständlich erst nach dem Backen, Übergrillen und Lackieren eingesteckt.

Sie erkennen es sofort: Auch beim Marktstand wurden wesentliche Teile übergrillt. Durch die aufgepinselte Kondensmilch erhielt der Schirm in seinen gebräunten Segmenten die typische Struktur.

Marktstand

Und das ist der Arbeitsgang: Zunächst wird die Form aus einem ausgewellten Teigstück ausgeschnitten. Zwei dünnere Teigrollen werden als Ständer unter den Schirm geschoben und angedrückt. Danach die Struktur in den Schirm eindrücken.

Die Figur unter den Schirm stellen, die Tischplatte und den Boden, die ebenfalls aus einer Rolle entstehen, ansetzen. Zum Schluß werden die Blumenkübel geformt und aufgesetzt. Um die Blumen nach dem Lackieren des Teiles ankleben zu können, werden an den entsprechenden Stellen mit Hilfe eines Zahnstochers Löcher eingedrückt. Beim Aufsetzen der einzelnen Teile alles gut anfeuchten und andrücken, damit sich die Verbindungen nicht wieder lösen können.

Auf den folgenden Seiten wird eine Szene mit übergrilltem Baum ausführlich beschrieben.

Ein einfacher Baum

Den Teig auf einer sauberen Unterlage auswellen. Die Baumkrone ca. 30 cm hoch und 26 cm breit ausschneiden. Mit den Fingern die Vertiefungen eindrücken.

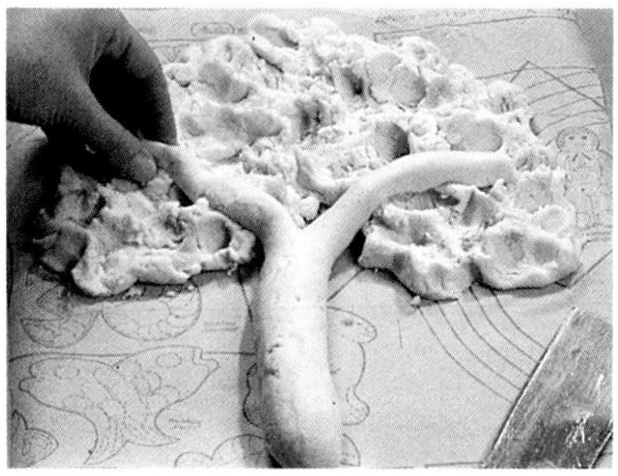

Der Stamm entsteht aus einer ca. 4 cm starken und 33 cm langen Teigrolle. Auf ca. 15 cm wird die Teigrolle in der Hälfte gespalten und wie abgebildet auf die Krone gelegt.

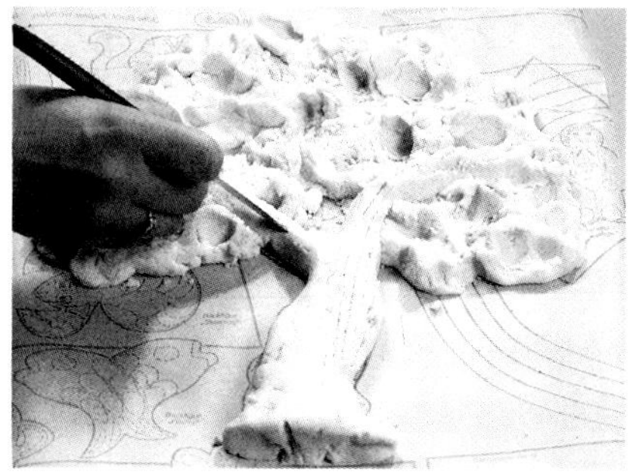

Den Baumstamm etwas flachdrücken und in die gewünschte Form bringen. Mit der Messerspitze die Rinde einkerben. Dabei sollten die Kerben nicht zu gleichmäßig sein.

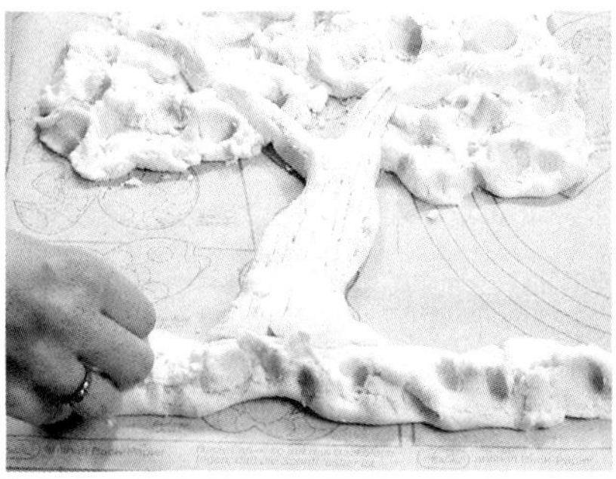

Der Boden wird aus einem ca. 33 cm langen Teigstück gebildet, in das wie bei der Baumkrone mit den Fingerspitzen Vertiefungen eingedrückt werden.

An der Baumkrone und am Boden die Stellen, auf welche die Figur aufgesetzt wird, flachdrücken.

Die Figur wird aus einem ca. 12 cm langen, 5 cm breiten und 2 cm dicken Teigstück modelliert. Die Hosenbeine werden auf ca. 5 cm Länge in der Mitte eingeschnitten.

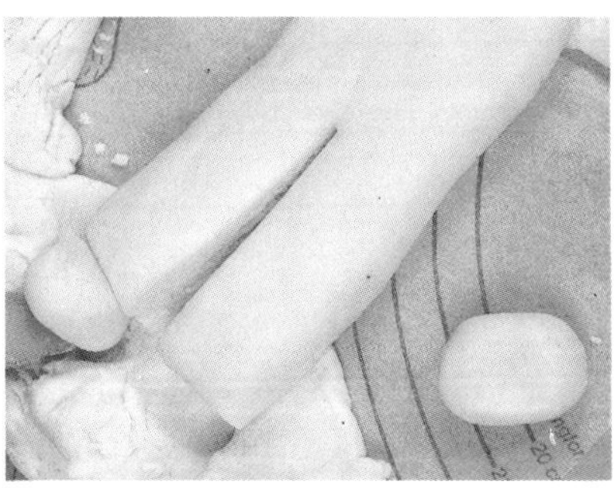

Als Füße formt man zwei eiförmige Kugeln, die fest an die Hosenbeine angedrückt werden.

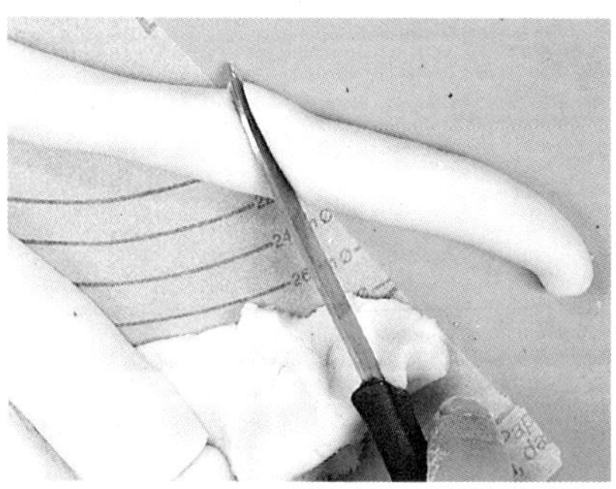

Die Arme aus einer Rolle von ca. 2 cm Dicke formen. Zwei 6,5 cm lange Stücke, wie auf der Abbildung gezeigt, abschneiden. Das eine Ende hat einen geraden, das andere einen schrägen Schnitt.

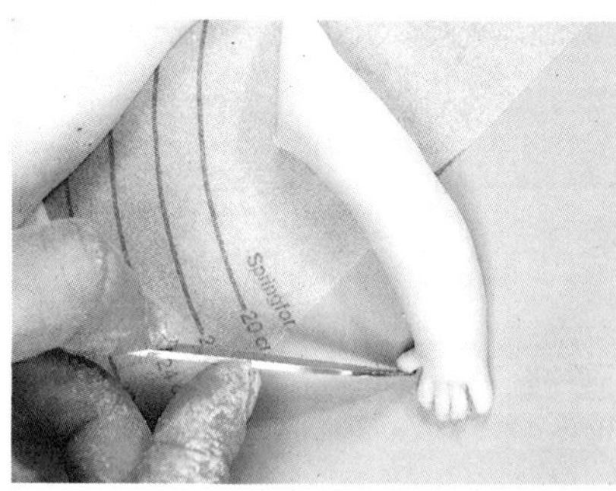

An dem linken Arm wird eine Hand eingearbeitet. Zuerst das eine Ende der Armrolle etwas dünner ausrollen, flachdrücken und die Finger einschneiden. Danach werden die Arme an den Körper angesetzt.

Weihnachtliche Motive

Weihnachtliche Motive spielen bei allen Basteltechniken eine große Rolle. Für das Salzteigmodellieren gilt das in besonderem Maße, weil das weihnachtliche Backen schon immer die Kreativität herausgefordert hat.
Wir fassen hier noch einmal einige adventliche und weihnachtliche Arbeiten zusammen, wobei – deutlich erkennbar – alle Autorinnen zum Zuge kommen.

Für den Nikolaus wird eine seitliche Puppe modelliert (vgl. Seiten 68-71). Der Mantel sollte dabei recht lang gehalten werden. Der weiße Pelzbesatz besteht aus einer langen Teigrolle, die nach dem Aufsetzen mit dem Messer etwas eingeritzt wird. Nicht zu klein halten sollten Sie den langen weißen Bart, ohne den man sich einen Nikolaus kaum vorstellen kann. Die Zipfelmütze wird aus einer Teigplatte geformt, die man um den Kopf legt, die Spitze muß dabei etwas herausgezogen werden. Am Ende wird ein kleiner Bommel aufgesetzt. Da der Nikolaus durch den tiefen Schnee stapfen muß, braucht er natürlich dicke warme Stiefel. Als letztes den großen Sack, in dem sich die vielen schönen Geschenke befinden.

Sehr attraktiv ist auch der kleine Engel. Als erstes werden die Flügel aus einer Teigplatte ausgeschnitten und so eingeritzt, wie die Abbildung zeigt. Die Figur selbst wird gearbeitet, wie zum Beispiel ab Seite 62 gezeigt. Deutlich erkennt man, daß die Haare aus einer Knoblauchpresse stammen. Wenn's ein rechter Engel werden soll, dürfen Sie am Gold nicht sparen!

13 Über die auf gleiche Höhe abgeschnittenen Fensterholme einen Querriegel aus einer 1 cm dicken Rolle legen. Die Stoßstellen befeuchten und gut andrücken.

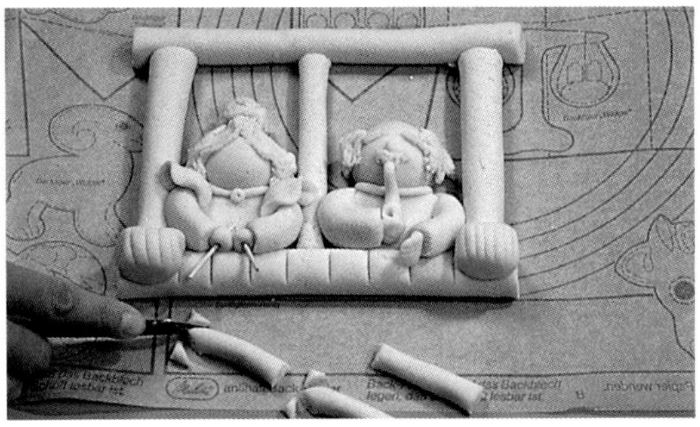

14 Für die Dreiteilung des Fensterbogens aus einer 0,5 cm dicken Rolle drei gleich lange Stücke schneiden. An zwei Rollen ein spitzes Ende schneiden.

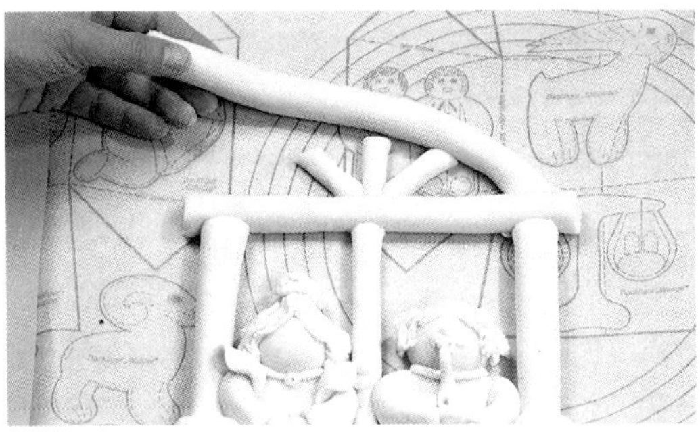

15 Die ungespitzte Rolle in der Mitte senkrecht anlegen und die beiden anderen mit der Spitze voraus rechts und links einschieben. Eventuell nochmals die Länge korrigieren. Den Fensterbogen aus einer 1 cm dicken Rolle formen und anlegen. Alle Berührungspunkte anfeuchten und gut aneinanderdrücken.

16 Den Bogen mit dem Messer leicht einkerben. Aus einer dünnen Rolle eine Schlaufe formen und als Anhänger unter den Bogen schieben.

17 Das Fenster kann nun mit Katzen und Vögeln geschmückt werden. Modellierhinweis auf Seite 88.

18 Nach dem Backen wird das Fenster übergrillt. Dazu werden alle Teile, die hell bleiben sollen, mit Alufolie abgedeckt.
Um dem Fenster eine bessere Stabilität zu geben, werden nach dem Bräunen alle Stoßstellen von hinten mit Zweikomponentenkleber (z. B. Pattex Stabilit express) gut verklebt.

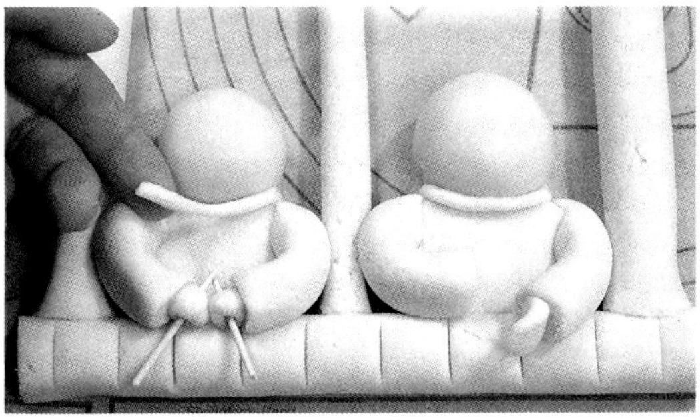

7 Um den Kopfansatz eine dünne Rolle als Halsband legen.

8 Bei der Oma, mit Hilfe eines Zahnstochers, eine kleine Kugel auf das Halsband drücken.
Teigstücke durch eine Knoblauchpresse mit dünnen Löchern drücken und daraus Frisur, Augenbrauen und Bart modellieren. Der Opa bekommt eine kleine Kugel als Nase.
Die Frisur der Oma mit den Zeigefingern gut in die Stirn drücken. Anschließend den Dutt aufsetzen.

9 Für die Schulterflügel mit den Fingern zwei ovale, dünne Teigstücke formen und an der Schulternaht aufsetzen. Mit Daumen und Zeigefinger den Rand zu Wellen formen.

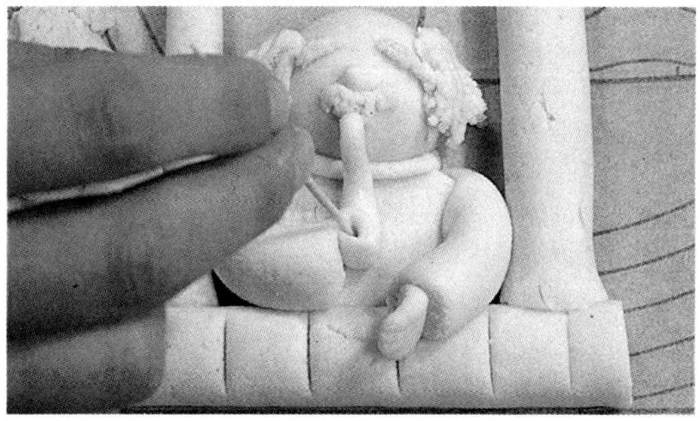

10 Aus einer sich verjüngenden Rolle, bei der das dicke Ende hochgehoben wird, die Pfeife modellieren.

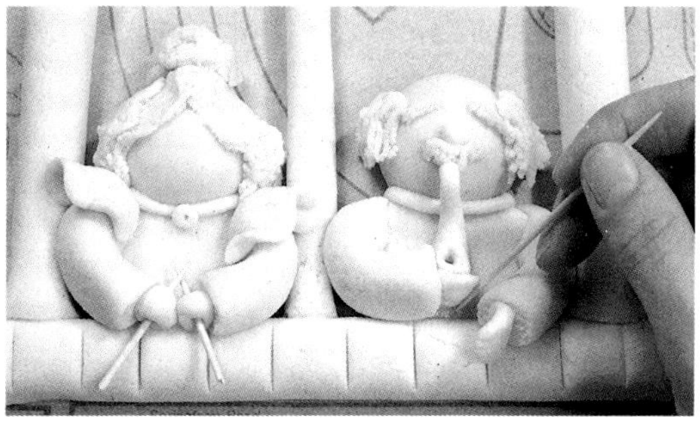

11 Die Pfeife unter dem Schnauzbart andrükken und in leichtem Bogen zum Ärmel führen. Unter den Pfeifenkopf eine flachgedrückte Kugel als Hand legen.

12 Aus würfelförmigen Salzteigstücken, die an der Vorderseite mit dem Messer eingeritzt werden, zwei Blumentöpfe formen. Nach dem Andrücken auf dem Fenstersims mit einem Zahnstocher ein nicht zu kleines Loch einstechen (zum späteren Einkleben der Blumen).

So wird Schritt für Schritt modelliert

1 Aus einer 1,5 cm dicken Teigrolle ein 20 cm langes Stück auf die Backfolie legen und mit dem Messer wie auf der Abbildung einkerben.

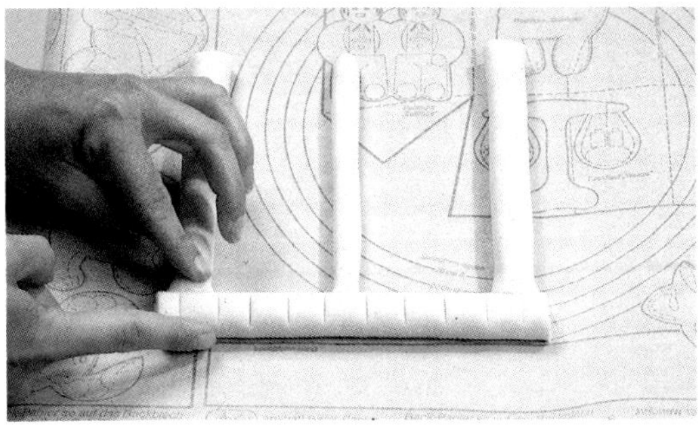

2 An diese Rolle anstoßend (Verbindungen mit Wasser gut zusammenfügen) 3 Rollen in Überlänge im rechten Winkel nach oben legen. Die äußeren Rollen sind etwa 1 cm dick, die mittlere ist etwas dünner.

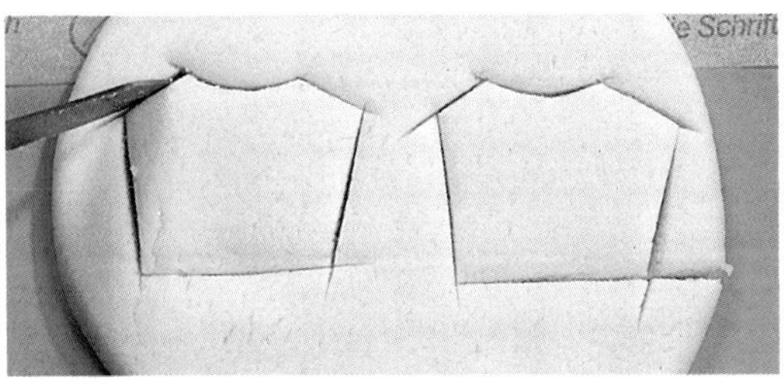

3 Aus einem ca. 1 cm dick ausgewellten Teigstück die beiden Oberkörper der Puppen ausschneiden. Das Größenverhältnis ist aus der Abbildung 4 ersichtlich.

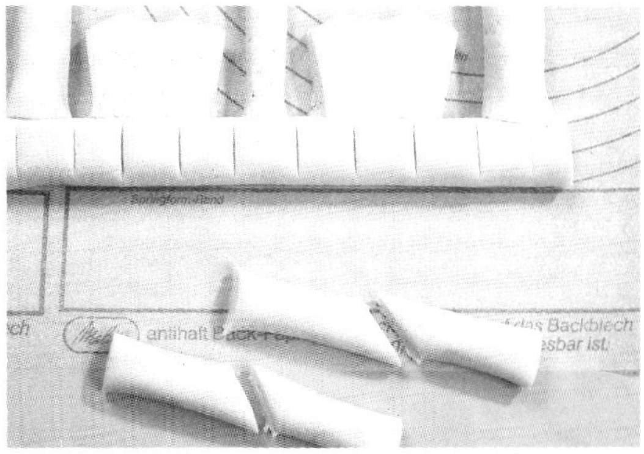

4 Die beiden Oberkörper in das Fenster einsetzen.
Aus einer 1 cm dicken Rolle die Arme, wie auf der Abbildung gezeigt, abschneiden. Das eine Ende hat einen geraden, das andere Ende einen schrägen Schnitt.

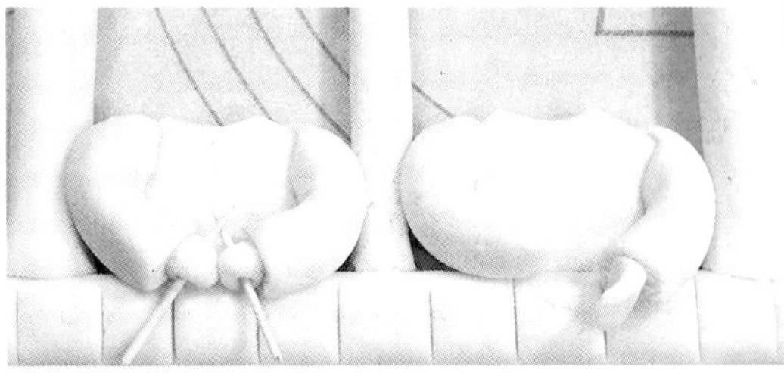

5 Arme mit der schrägen Schnittkante an den Schultern der Figuren andrücken und in Bogenform auf den Fenstersims legen. Opas linker Arm liegt über dem Sims. Die Hände der Oma sind zwei kleine Kugeln, durch welche Zahnstocher als Stricknadeln gesteckt werden. Opas linke Hand wird etwas flachgedrückt.

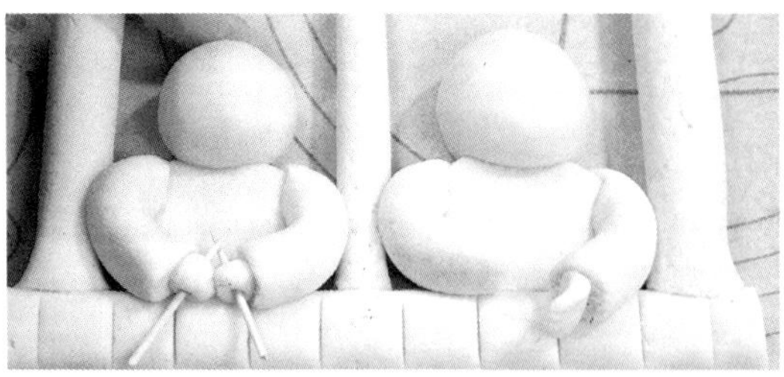

6 Für die Köpfe formt man zwei Kugeln, deren Oberfläche sehr glatt sein soll, um die Bemalung zu erleichtern. Beim Aufsetzen der Köpfe die Proportionen beachten.

Krippenfiguren

Selbstverständlich kann man auch für die Weihnachtskrippe mit Salzteig arbeiten. Da die Krippenfiguren vollplastisch gearbeitet sind,sollten sie nicht größer als 5 cm sein. Schwierigkeiten bei der Herstellung und beim Backen sind sonst unvermeidbar.

Der Teig muß fester sein als gewöhnlich, und die Figuren müssen stufenweise aufgebaut werden, weil sie sonst durch das Eigengewicht des Teiges zusammensacken.

Bilden Sie zuerst die Grundform des Körpers, z.B. einen Kegel, oder einen sitzenden oder knienden Körper mit Füßen, jedoch ohne Kopf, da ein Salzteigkopf sehr schwer ist. Diese Form wird im Ofen bei ca. 150° C vorgebakken, damit sie als fester Kern verwendet werden kann.
Wenn die Form etwas abgekühlt ist, werden Arme und Kopf angebracht. Augen und Mund jetzt schon einstechen, dann wieder in den Ofen, bis auch diese Teile gehärtet sind.
Jetzt können Sie die Haare unbesorgt anbringen. Die Backzeit beträgt je nach Größe der Figur 1-2 Stunden.
Flache Figuren oder Tiere können in einem bzw. zwei Backgängen gefertigt werden.
Wenn Salzteigfiguren vorgesehen sind, sollte die Krippe schlicht und aus Naturmaterial sein.

Reizvoll ist die Möglichkeit, aus Salzteig ein reliefartiges Wandbild zu gestalten, das am besten unbemalt bleibt.

Die Grundplatte herstellen und die Form ausschneiden. Für die Umrandung oben eine dünne, unten eine dickere Teigrolle anspachteln und mit einem Modellierholz verzieren.

Die Palmenblätter sind aus einer Teigplatte zugeschnitten. Die Konturen mit dem Modellierstab eingedrückt. Mit etwas Teig unterlegt, wirken sie plastisch.

Krippenbild (30 × 22 cm)

„Unsere schönsten Salzteigmodelle“ ist eine Auswahl aus Arbeiten, die zuvor in folgenden 8 TOPP-Büchern erschienen sind:

Gudrun Hettinger
ist eine der ersten Salzteigautorinnen überhaupt. Ihr unverkennbarer Stil hat viele Nachahmer gefunden. In ihrem neuesten Titel nutzt sie die Vorteile des käuflichen Salzteigs.

Best.-Nr. 793 ISBN 3-7724-0538-X

Best.-Nr. 868 ISBN 3-7724-0625-4

Best.-Nr. 1019 ISBN 3-7724-1019-7

Margret Glende
bringt ihre Erfahrungen als Floristin auf vielfältige Weise in das Salzteigmodellieren ein. So gewann sie dem Salzteighobby neue Freunde.

Best.-Nr. 821 ISBN 3-7724-0570-3

Best.-Nr. 850 ISBN 3-7724-0593-2

Best.-Nr. 889 ISBN 3-7724-0532-0

Iris Buresch und Heide Psotka
widmen sich vornehmlich dem Motiv Puppen, deren Entstehung sie in meisterhafter Schritt-für-Schritt-Anleitung erklären. Inzwischen stellen sie mit großem Erfolg Künstlerpuppen aus Porzellan her.
(Werkbuch für Künstler-Puppen-Macher, TOPP 1108.)

Best.-Nr. 911 ISBN 3-7724-0656-4

Best.-Nr. 1002 ISBN 3-7724-1002-2